De Tweede Rol Van Metatron

Toevíe-Jah

Andere werken van I.L.Schneerson:

Alle Mensen Joden

Alle Joden Priesters

Nieuwe Laarzen Voor De Leeuw

De Eerste Rol Van Metatron: Jehoedá

De Derde Rol Van Metatron: Chanóch

Rabbi Kameleon (Engels)

De Tweede Rol Van Metatron
Toevíe-Jah

Issachar Levi Schneerson

Stichting Mabas
2015

Copyright © 2015 door I. Tal van Kekem

Niets uit deze uitgave mag worden verveelvoudigd, opgenomen in een geautomatiseerd gegevensbestand, of openbaar gemaakt, in enige vorm of op enige wijze, zonder voorafgaande schriftelijke toestemming van de uitgever.

Herziene editie

ISBN 978-90-79656-23-3

Stichting Mabas – Uitgeverij Rooierebbe.nl
H. Roland-Holststraat 36
4207JX Gorinchem

Email: stichting@mabas.nl

www.schneerson.estate, www.mabas.nl

Opdracht

Aan mijn vrouw, mijn zoon en mijn dochter:
ik dank jullie.
Zonder jullie verdraagzaamheid en geduld
had ik dit boek niet kunnen schrijven.

Mijn speciale dank gaat uit naar de Koning van Israël,
zonder wiens goedwillendheid
ik geen letter op papier had gekregen.

Contents

Proloog – דבר פתיח 11
Zielen worden niet geboren 12
Zangers en zangeressen 13
Het menselijk bestaan begint 14
De ene ziel verblijft 15
Tussen Aarde en Hemelen 16
Daar zag ik toen 17
Toevíe-Jah 1 18
De naam טוֹבִיָה 20
De Steenbok 22
Toevíe-Jah 2 33
De Weegschaal 35
Toevíe-Jah 3 42
De Ram 44
Toevíe-Jah 4 50
De Kreeft 51
Wie ik ben 67
Toevíe-Jah 5 68
De Stier 70
Vanwaar ik kwam 80
Toevíe-Jah 6 83
Alles is van God 85
De sterren staan 86

De Waterman 87
Waarom loog U mij voor? 101
Toevíe-Jah   7 102
De Leeuw 104
Toevíe-Jah   8 109
Weggeweest 111
De Schorpioen 112
Toevíe-Jah   9 116
De Maagd 118
Waarheen ik ga 123
Toevíe-Jah   10 124
De Tweeling 125
Toevíe-Jah   11 132
De Boogschutter 134
Toevíe-Jah   12 137
De Vissen 140
Sjelách otíe, Adonái! 145
Haar einde 147
Toevíe-Jah   13 150
Ásjmedai, mijn zoon 152
Toevíe-Jah   14 153
Appendix 156

Proloog – דבר פתיח

Jij bent de vlam die jij aanbidt
Het eeuwig licht in elke ster
Je schijnsel zwart noch wit
Niet hier, maar toch nooit ver

Wij zijn het vuur dat wij aanbidden
Even ver van elk van ons
Maar toch niet in ons midden

Die vlam, die kaars van God
Zal niet branden tot.
Branden zal zij gestaag en zeker,
En onbeperkt
Door de bodem van de beker

Ik voel je warmte, vlam,
Ik zie Uw Licht hier, God,
Maar wat mijn huid ook voelt
En wat mijn oog ook ziet
Wie ik voelen en zien wil
Die nu… voel en zie ik niet

Zielen worden niet geboren

Zielen worden niet geboren en zielen gaan niet dood. Hun aantal stijgt niet met de jaren: hun aantal is oneindig groot. Zielen zijn als het licht van God, maar zij zijn dat licht niet. Zielen zijn als de stralen van dat Licht, maar zij zijn die stralen niet. Zielen zijn de glanzende stofjes in de baan van het Licht en zij zweven zacht en meegaand om mij heen.

Zielen zijn in al dat leeft: in al dat soms beweegt èn in al dat eeuwig ligt of staat. Zielen wonen in al dat is geschapen. In alle vormen en in alle maten huizen zielen: in de ster en in het kruis, in de man, de muis, de luis... In de rotsmassieven wonen zielen en in de kiezels en in de korrels ook.

De mens mag menen dat zijn ziel de overhand heeft of te hebben hoort (hij is verwaand en wil als God verheven zijn), maar de eigendunk zal achterblijven in het rottend vlees en ook in stank vergaan. Naderhand zal blijken, dat alles leegte is. Niets betekent het: al het streven van de mens is stof in de wind. Dammen verkruimelen en rivieren stromen weer vrij, paleizen storten in en onkruid overwoekert de brokstukken. Het werk van de handen van de mens heeft geen waarde: wat er was, zal er weer zijn, en wat gedaan werd (goed en fout) zal wéér gedaan worden, en daarna ook weer... er zal nooit iets nieuws zijn onder de zon.

De mens stapelt bezit op bezit tot een toren die nooit de hemel zal bereiken. En alle torens vervallen: wat de vader bouwt, laat de zoon vergaan.

Leren wil de mens, want ook kennis wil hij bezitten, maar leren is lijden en weten is erger dan de dood. Beter zou het wezen, indien de mens simpelweg zou ZIJN. De nederigste vogel is wijzer dan de mens, want hij vliegt en voedt zijn kroost, en verder beperkt hij zich tot het zingen van de lof van de Schepper. De schepping gaat aan de mens ten onder, want deze luistert niet naar de vogelzang.

Zangers en zangeressen

Zangers en zangeressen zingen slechts voor roem. Het is geen lofzang maar een lijflied, wat zij ten gehore brengen.

Een vrouw heeft twee huizen: een ín de stad en een er buiten – zij wist niet te kiezen? Haar zuster heeft geheel geen huis: wie gaat dit verliezen?

Dansers en danseressen dansen voor hun brood. Wanneer zij straks niet meer dansen kunnen, wacht hen slechts verveling tot aan de dood. Hun zielen zijn levenloze lappen stof die van hun middel hangen: zij wapperen het gezwier na en niemand die voor hen in zijn handen klapt.

Zwijg en zit eindelijk eens stil, mens, en denk ook niet! Wees nu wie je behoort te zijn: een ziel gedragen door een lijf en niet een lijf met ergens daarin... Glim en glans in het Licht en weerkaats het naar alle kanten. Doe naar je behoeften en deel naar je vermogen. Wees een geleider voor de liefde waarmee de Almachtige je schiep: wees een kanaal voor de stroom van liefde waarmee de Eeuwige alle zielen wil voeden. Gun je ziel haar deel, sterk haar opdat zij zal doorgeven. De mens heeft voeten om zich naar de gebonden zielen te kunnen begeven: lopen en beroeren moet de mens. Geven en voeden, doen leven en behoeden. De mens hoeft niet altijd nog meer en steeds maar verder: de mens is niet de Schepper, maar de herder! Verbind je ziel met alle andere zielen: bevestig de rotsen in hun plaatsen, bevloei de velden en graaf waterputten voor de dieren. Zaai bloemen voor de honingbij en plant bomen voor de vogels. Eet de vruchten van het veld, drink de honing van de bij en rust in de schaduw. Borstel de dieren en hóór de vogelzang. Mens, drink van de beker van het leven en LUISTER!

En mens, stel je vertrouwen in de Tsaddiekíem: de vrome Rechtvaardigen. Volg hun raadgevingen nauwkeurig op en het zal je goed vergaan: je zult dan het leven genieten dat onze eeuwige Vader voor je liet noteren.

Roep met heel je hart de Hemelen aan, mens, en je zult ware leiding vinden. Roep vanuit de diepten van je hart en de duisternis zal kraken en barsten en de meest wijze raad zal jou worden onthuld. Dan zul je volmaakt geloof kennen, en mede door jou zullen troost en heling de Aarde bereiken en de wereld vervullen.

Het menselijk bestaan begint

Het menselijk bestaan begint niet bij de geboorte en het eindigt niet bij de dood. Wat tussen geboorte en dood ligt, is slechts een fase. Bij de dood wordt het vlees weer stof en keert de ziel terug naar haar Maker.

De mensen zijn zielen en zij bestaan sinds de ochtend van de dag waarop de Schepper Adám schiep. Zij zijn de Róe'ach en wanneer het ongeboren kind 120 dagen in de moederbuik verblijft, wordt de Róe'ach in hem ingeblazen door de Engel des Levens, de Leeuw van God. Een lichaam met daarin Róe'ach heet Néffesj.

Het heelal werd geschapen ten behoeve van het volk Israël. Toen al had de Schepper Avrahám in gedachten. Tijdens Zijn grote scheppingswerk plaatste Hij de zielen voor de Kinderen Avrahám's terzijde. Nadat de Almachtige de zielen geschapen had, voltooide Hij Zijn werk. De Aarde was al oud toen de eerste ziel van het volk Israël afdaalde, 120 dagen nadat Térrach Avrám had verwekt.

Het volk Israël moge klein zijn op Aarde, het is groot in de Hemelen. De Heilige, gezegend is Hij, wordt bediend door engelen en de zielen Israël's liggen aan Zijn voeten en horen elk Woord.
Ik zit terzijde van Zijn troon: op een schrijfblad ligt mijn rol en ik noteer de daden en de woorden van Israël op Aarde.

De ene ziel verblijft

De ene ziel verblijft op Aarde veel langer dan de andere. Elke ziel heeft een aantal taken uit te voeren in de wereld: de ene ziel heeft slechts één simpele taak, de andere ziel heeft een veelvoud aan taken, of één zeer ingewikkelde taak. Ook zijn niet alle zielen gelijk: een enkele ziel is zo puur dat zij slechts weinig hartslagen nodig heeft voor de uitvoering van haar taak. Zij volbrengt haar taak al vanuit de moederbuik. Het kind waarin zij huist, sterft dan zelfs nog voor de geboorte. Elke ziel is onderdeel van het grote plan van de Schepper. Een ongeboren kind kan tot taak hebben een moeder te louteren, een jong gestorven kind kan tot taak hebben gehad een echtpaar te verbinden, ten bate van het volgende kind en diens bijzondere taak. Alle zielen zijn verbonden in één toekomst en geen ziel staat alleen.

Geen ziel staat alleen... dit te beseffen wanneer het te laat is... dit te beseffen nadat je al teruggeroepen bent... Tegen mijn verdriet in over mijn verloren kansen, zei ik tot mijzelf:

De God van Israël verkoos ons uit alle volkeren en wij verkozen Hem uit alle goden. Hij is de rots onder mijn voeten, de burcht om mij heen, en mijn verlosser. Hij is mijn schild en mijn vertrouwde: mijn toevlucht in alle nood. Van vreselijk verderf heeft Hij mij verlost! De hekken van de hel omringden mij, de strikken van de dood bedreigden mij. Hij hoorde mijn stem, al weigerde ik tot Hem te roepen: mijn roep bereikte toch Zijn oren. Hij verlaagde zich uit de Hemelen en daalde neer en donkerheid was onder Zijn voeten. Hij vloog en werd gezien in de vleugelen des windes. De Almachtige donderde van de Hemelen en de Allerhoogste gaf Zijn stem. Hij zond pijlen uit als bliksem en sloeg het kwaad van alle zijden. Hij reikte van de hoogte en Hij nam mij tot zich: Hij trok mij op uit stervend water. Hij voerde mij uit de stoffelijke ruimte, want ik vond gunst voor Zijn gelaat. De Rechter vergold mij naar mijn gerechtigheid, Hij beloonde mij naar de reinheid van mijn handen. Ik was niet zuiver, nee: ik was niet vrij van zonden, maar ik was oprecht voor Hem en Hij is mijn gids waarheen ik mij ook begeef. Mijn Sterkte en Kracht is van Hem en Hij heeft mijn pad gebaand.

Ik heb Hem lief.

Tussen Aarde en Hemelen

Tussen Aarde en Hemelen scheidt een ragfijn gordijn. Hierboven hoort en ziet men alles dat daarbeneden geschiedt. De teruggekeerde ziel blijft verbonden met de zielen met welke zij op Aarde omging. De mens die spreekt bij een graf wordt gehoord door juist die ene. En ik hoor allen.

Het plan van God is aan mij bekend gemaakt en twaalf zielen zal ik kiezen, die mijn leger zullen leiden. Twaalf zielen naar de twaalf stammen? Twaalf zielen naar de twaalf stenen van de gang door de Jordaan? Twaalf zielen naar de twaalf gesternten naar de twaalf talenten en elk ééntwaalfde taak. Een dozijn zielen onder één leider vervullen de dertien attributen van de Eeuwige God van Ja'akóv.

- God van genade, die schept;
- God van genade, die vergiffenis schenkt na berouw;
- Almachtige Heerser van het heelal, Heerser over de natuur, Koning van de mensheid;
- God vol aanhankelijkheid en vol sympathie voor hen die lijden en ellendig zijn;
- God van hulp en troost, die de geslagene omarmt en de onderdrukte het hoofd opheft;
- God van geduld, wiens gemoed traag verhit;
- God die overloopt van goedheid en zelfs in de woestijn nog water schenkt;
- God die trouw is aan zichzelf en die in liefde waarheid spreekt;
- God die de goede daden van onze voorouders gedenkt tot in de duizendste generatie;
- God die de tekortkomingen van de mens verdraagt;
- God die de opstandigen verdraagt en verbetert;
- God die de onvoorzichtigen verdraagt en verbetert;

God die de schuldigen niet ongestraft laat, maar de wandaden van de vaderen wreken zal op de kinderen tot in de vierde generatie.

Daar zag ik toen

Daar zag ik toen een poel van gruwel: erboven stond geen uitspansel en eronder lag niet vast en zeker de Aarde. Het was chaos, alleen maar angstaanjagende chaos. En ergens daarin, dwalend en wervelend, zeven sterren uit het firmament, als grote rotsblokken in hevig vuur gehuld. Ik vroeg toen in mijn verbijstering: "Wat hebben zij misdaan, dat zij zo moeten lijden? Wat was hun zonde?", want het was mij duidelijk dat zij daar al lang geleden neergeworpen waren. De hoogste engel Oeriél was het die mij antwoordde: "Chanóch, waarom wil je dit zo graag toch weten? Dit zijn de zeven sterren, die God's gebod overtraden. Tienduizend jaren zullen zij hier verzwolgen worden, tot de tijd van hun zonde zal zijn verstreken." Vandaar begaf ik mij naar een andere plek, die nog gruwelijker was dan die eerste: een vuur dat brandde en tierde in een onpeilbaar gespleten ravijn. Het was gevuld met pilaren van hitte en licht waarvan de voeten onzichtbaar waren. Buiten adem wendde ik mij af: "Dit is te verschrikkelijk om aan te zien!" De hoogste engel Oeriél was het, die mij vroeg: "Chanóch, vanwaar toch je angst?" Ik antwoordde: "Vanwege deze angstaanjagende plaats en vanwege de aanblik van de pijn!" En Oeriél verklaarde toen: "Dit is de gevangenis van de gevallen engelen: hier zullen zij voor altijd ingesloten zijn."

Vervuld van vrees was ik toen, want als engelen een dergelijk lot beschoren kon zijn, wat stond deze zwakke mens dan nog te wachten?

Dit is het lot van hen die op zichzelf vertrouwen,
het einde van wie behagen scheppen in hun eigen woorden. Sèlla!
Als schapen zinken zij in het dodenrijk,
de dood weidt hen;
de oprechten heersen over hen in de morgenstond;
hun gedaante moet tussen de verlorenen vergaan,
zodat zij geen woning meer heeft.
Maar God zal mijn leven verlossen
uit de macht van rijk der verganen,
want Hij zal mij opnemen. Sèlla – Vast en zeker!

Toevíe-Jah 1

Toevíe, hij wiens naam betekent 'Mijn belang', was van de stam Naftalíe, die woonde in Opper Galiléa boven Na'asón, voorbij de weg naar het westen, gezien met de stad Tsfat aan de rechterhand. En ook al was hij de jongste van de stam Naftalíe, toch gedroeg hij zich niet kinderlijk in zijn werk.

Wanneer alle anderen zich begaven naar de gouden kalveren, die Jerovoám, de koning van Israël, had gemaakt, ontvluchtte Toevíe hun gezelschap en ging hij naar Jeroesjalájiem, naar de Tempel van de Eeuwige. Daar aanbad hij dan de Heer, de God van Israël, en hij offerde trouw zijn eerste vruchten en zijn tienden. En in het derde jaar gaf hij dan naar behoren al zijn tienden aan de bekeerlingen en aan de vreemden, die geen land hadden om van te leven. Al deze zaken verrichtte hij zelfs toen hij nog een kind was, alles in overeenstemming met de Wet van de Eeuwige.

Toen hij volwassen werd, een man, nam hij uit zijn stam ene Channah tot zijn vrouw, en hij kreeg bij haar een zoon, die hij noemde: Toevíe-Jah, dit betekent: 'Mijn belang [is] God'. Vanaf diens jongste jaren leerde Toevíe het kind God te vrezen en ver te blijven van elke zonde.

In de dagen van Salmanéssar, koning van de Assyriërs, werd Toevíe gevangen genomen met zijn vrouw en zijn zoon en met heel zijn stam, en weggevoerd ver naar het noordoosten, naar de stad Nienevé, die aan de verre zijde van de Tigris was gebouwd. De koningen van Assyrië plachtten alle overwonnen volkeren te verhuizen van hun gronden, en te verspreiden binnen het rijk, teneinde pogingen tot opstanden en afscheidingen te voorkomen. Toentertijd was Nienevé de grootste stad op Aarde, omgeven met een muur van wel twaalf kilometer lengte. Binnen die reusachtige stad werd aan de kinderen Israël's een terrein aangewezen, waarop zij een wijk moesten stichten. Buiten de muur van de stad mochten zij niet en binnen de muur waren vele wijken voor hen verboden terrein.

Ook in gevangenschap verzaakte Toevíe de wegen der waarheid niet en alle dagen spande hij zich in om alles wat hij wist te verkrijgen, te delen met zijn medegevangenen, die van zijn volk waren. Toen alle van het vlees van de nietjoden aten, beschermde hij zijn ziel en verontreinigde hij zich niet met dat vlees. Het was hierom, omdat hij zich de Eeuwige steeds voor ogen hield, dat God hem ten goede liet opvallen in de ogen van koning Salmanéssar.

Toevíe kreeg de vrijheid te gaan en te staan waar hij wilde, en te doen wat hem goed leek. Hij inde belastingen voor de koning en ontving provisie. Hij begon te reizen langs alle andere gevangenen van zijn volk en drukte hen op het hart de Eeuwige trouw te blijven en lenigde hun noden. Hij kwam aan in de stad Ragès, in het land Midján, en hij droeg tien talenten zilver bij zich van zijn provisie van de koning. Terwijl hij daar verbleef temidden van velen van zijn volk, leerde hij Gavlóet kennen: een behoeftige. Tegen een schuldbekentenis van diens hand, liet hij zijn zilver bij hem achter.

Lange tijd later stierf koning Salmanéssar en zijn opvolger was diens zoon Sennacheríeb, die de kinderen Israèl's haatte. Toevíe ging dagelijks rond tussen de leden van zijn volk en troostte hen en gaf aan eenieder wat hij maar geven kon uit zijn vermogen en uit zijn bezit. Hij voedde de hongerigen en kleedde de naakten en lette er op, dat alle doden werden begraven, ook zij die vermoord waren.

Op een dag vluchtte koning Sennacheríeb uit het land Jehoedá, nadat de Eeuwige in zijn gevolg dood zaaide, omdat hij heiligschennis had gepleegd. Vernederd als hij was, koelde hij zijn woede op de kinderen Israèl's in zijn thuisstad Nienevé en hij vermoordde vele van hen. Toevíe begroef hun lijken. Hij wilde hen begraven buiten de poorten van de stad, maar hij kon niet met de lijken van kinderen Israèl's door de muur. Hij begroef hen daarom met de grootst mogelijke omzichtigheid in de bodem van droogliggende beken. Helaas werd het toch bekend en zodra de koning er van hoorde, gaf deze opdracht Toevíe te doden en al zijn bezittingen in beslag te nemen. Toevíe slaagde erin met vrouw en kind te ontkomen en hij kon onderduiken, want vele burgers hielden van hem en hielpen hem. Vijfenveertig dagen later werd de koning vermoord door zijn eigen zonen. Toevíe mocht terugkeren naar zijn huis en zijn eigendommen werden hem teruggegeven.

De naam טוֹבִיָה

De naam 'Toevíe-Jah' bestaat uit de letters Tet – Vav – Bet – Joed – Hee. Elk van deze letters bevat een wereld.

ט - Tet

De slang, die kruiperig kronkelend zijn volgende prooi zoekt, en ook: het ingesloten goede. De vrouw die negen maanden haar liefdesvrucht draagt: zij maakt het potentieel actueel. God schiep het licht en zei dat het 'tov' was – goed, geschreven met Tet-vav-bet. Dat licht van de schepping verborg Hij vervolgens in de Torá, waar alleen de ware Rechtvaardigen het zullen vinden. Zij zullen Hemelen en Aarde verbinden en verenigen. De Rechtvaardigen zijn in deze wereld en staan er buiten: zij zijn zich bewust van de fysieke werkelijkheid waarin hun lichamen zich bevinden, maar tegelijkertijd zijn zij zich er voortdurend en volledig van bewust dat er niets is buiten de Schepper. Zij zijn onthecht van de materie en aankleven Hem.

ו - Vav

De haak waaraan alles hangt. De Oneindige omvatte alles en buiten Hem bestond niets. Alle ruimte die er is, was gevuld met Zijn licht. Om de schepping buiten Hem mogelijk te maken, schiep God ruimte door zich te doen inkrimpen: Tsimtsóem. Een duistere plek schiep Hij zo, die leeg was. In de donkere leegte tekende de Schepper een punt en daaruit de eerste straal van licht en energie. Hij ontvouwde de straal in de leegte die Hij had geschapen tot tien kanalen van Zijn licht - de Sfierót - waardoor Hij de wereld voortdurend schept, dat wil zeggen: in stand houdt. De Vav is het geheim van de tijd: van de toekomst die heden wordt, van het heden dat aan ons voorbijgaat, van het verleden dat vervaagt.

Breesjíet bará Elohíem et ha sjamájiem ve-et ha-árets – Allereerst schiep God de Hemelen en de Aarde, en Hij deed dat door middel van de tweeëntwintig letters van het álef-bet. In de Torá is de Vav de tweeëntwintigste letter: de letter die alle krachten verbond en de schepping bezegelde.

בּ – Beet

Het Huis van gebed voor alle volkeren, dat zal staan op de berg Moríe-Jah. De eerste letter van de Torá is de Bet, en deze letter is slechts open aan de zijde van de volgende letter. Dit om aan te geven, dat er vóór noch bóven noch ónder de eerste letter iets bestond.

God zei: "Zij zullen voor Mij een Huis van Heiligheid bouwen en Ik zal in hen wonen." Niet in dat Huis maar in hén: God openbaart zich in het volk Israèl. Vanuit dit volk zal de Heiligheid van de Eeuwige zich uitbreiden tot zij alle volkeren zal vervullen en omvatten. Vanaf de berg Moríe-Jah zal de Heiligheid God's het land Israèl vullen en het land zal zich uitspreiden over de hele Aarde en de schepping omvatten.

י - Joed

Uit de Joed is de schepping voortgebracht. Een wit stipje: daarmee begon het. Het kleine dat het Al bevatte. De Joed is ook 'jad': die hand die al het werk doet. Hieruit tekende God de Tien Sfierót. De Joed is de tiende letter in het àlef-bet, en tien is het aantal van de Uitspraken. De Tien Sfierót brengen het licht van de Schepper in de schepping, en de Tien Uitspraken openbaren Zijn wil. Elke letter in het álef-bet is een openbaring op zich, en een kanaal voor het Oneindige licht in de eindige wereld.

הּ - Hee

Het raam, en ook: de Schepper, die de verbinding is tussen het eeuwige en het tijdelijk, tussen het oneindige niets en het beperkte iets, tussen al dat verborgen blijft en het weinige dat wij zien. De ziel kan zich op drie wijzen uitdrukken: door te denken, door te spreken, door te handelen. De liggende, bovenste lijn van de Hee is het denken, de verbonden rechterstijl is de spraak, de losse voet is de daad.

Gedachten en emoties verbinden de ziel met het bewustzijn. Spraak en daad verbinden ons bewustzijn met onze fysieke omgeving.

De daad staat maar al te vaak los van de gedachte èn van de spraak: wie doet er altijd wat hij toezegt, en wie handelt er altijd in overeenstemming met zijn kennis van goed en slecht?

De mens moest vooral volharden in zijn pogen.

De Steenbok

Waar zal ik zoeken de kenner van Aarde en mens?
Waar zal ik hem vinden, die mijn aanvoerder zal informeren?
Generaties gaan, generaties komen,
de zon komt op, de zon gaat onder,
de wind waait heen en keert weer terug,
de rivier stroomt onophoudelijk naar de zee
en toch raakt die niet vol.
Hoe kan het dat de zeeën niet overlopen?
Hoe kan het dat het water het land nog niet heeft verzwolgen?

Ik kijk en zoek en vind geen rust
Mijn ogen zien, mijn oren horen
Maar waar is die ervaren man,

die de veldslag voorbereiden kan?
Is hij wellicht nog niet geboren?

Is hij in de zielenzwerm die mij omgeeft?
Was hij al op Aarde: heeft hij al geleefd?
Was hij soldaat of juist geleerde:
deed hij zijn plicht of zat hij maar en beweerde?

In diep gepeins verzonken wandelde ik tot bij de Hemelmuur. De wakende engelen bij de poort keken over hun schouders naar mij: wenste ik de Hemelen te verlaten? Nee, nadat ik zo lang had moeten wachten en 32 paden had moeten banen om er te komen, zou ik er vrijwillig weggaan?! Maar ik had mijn missie... Ik stond peinzend achter de poort. De wachters blikten weer om en ik gebaarde hen voor zich te kijken: naar buiten de Hemelpoort. Zij gehoorzaamden en hun zwaarden vlamden. De Hemelvloer was van platen zachtwit marmer. Buiten de poort een andere kleur. Mijn Oude Meester was millennialang een vaste doorganger geweest en ik zou dat ook kunnen zijn, maar het trauma van zes decennia uitsluiting deed mij aarzelen. Wel, ik moest me maar vermannen!

De engelen aan de poort lieten een rij zwarte mensen toe. Ik trad opzij om hen niet de weg te versperren. Een lief kereltje van hooguit tien jaren oud vroeg mij beleefd: "Meneer, waar moet ik heen?" Ik glimlachte geruststellend en streek over zijn stugge haar, en ik antwoordde zacht: "Loop maar gewoon rechtdoor..." Ik keek hem na en zag, hoe zielen samendreven en de nieuwkomers in hun midden namen. De kleren losten op en de zwarte huiden vervaagden tot ik alleen nog zielen zag. Een werveling en ik wist niet meer welke ziel van het jongetje was: hij was thuisgekomen. Ik haalde diep adem, want ik had gezien hoe goed het was. In hoeverre blijven de zielen van mensen menselijk? En blijven de zielen van de bomen bomen? Ik had al bomen gezien daar in de Hemelen en het scheen alsof zij nog leefden. Net als de mensen die ik zag. Marianna leefde wéér. Het moest zo zijn, dat met de beperkte vermogens van de mens, voor hem de andere zielen alleen zichtbaar waren in hun aardse gedaanten. Maar hoe dan met zielen die nog niet ingeboren waren geweest?

De wachters trokken hun zwaarden in om mij door te laten: zij richtten respectvol hun blikken omlaag. Zouden zij ooit die zwaarden hebben gebruikt tegen kerende zielen?

De poort stond in een hoek van de muur. Langs rechtvooruit stond een deel en ook linksaf. Ik verkoos rechtvooruit te stappen. Er liep een straat, belegd met gele natuurstenen platen. De stenen van de muur waren groot en zwaar en vers gevoegd. Nog altijd waren zij als zojuist gehouwen. In Chochmá had de Schepper zich ontvouwen tot dit hemelse paleis en ik had het zien gebeuren: hoe oud was dan mijn ziel? Vele malen ouder dan een mens zou kunnen bevatten.

Terwijl ik langs de muur liep waar ik ooit gereden had op de rug van het Kwaad, bedacht ik, dat het vreemd was, dat het Hemelse leger zou bestaan uit zielen: spraken de Joodse geleerden niet over een onweerhoudbaar marcherende Hemelse Heerschaar van gewapende engelen? Van grote cheroebíem met lange vleugels en sterke armen? Wat kunnen mensen toch fantaseren!

Ik liep tot ik bij een toren geraakte: daar boog de muur af. De straat onder mijn voeten boog mee met de muur. Voorbij de bocht was er niets. Daar was dus de wereld vanwaar ik zelf gekomen was: daar ergens in dat niets.

Toen had ik in de wereld nog niets te zoeken en ik keerde om en wandelde op mijn gemak weer naar de poort. Links van mij de hoge eeuwig-nieuwe muur. Van rechts vanuit het niets verschenen zwevend telkens mensen, die landden op de straat en op de poort toe liepen. Wellicht moest ik die eens ondervragen? Terwijl ik dat zo dacht, werd het me duidelijk, dat ik alle zielen kende, zoals zij ook mij. Ik kon dus putten uit een bodemloze put. Flitsen met namen en geleden levens kwamen mij voor ogen (leven = lijden), maar de flitsen verstoorden elkaar en zo kon ik niet kiezen. En ook wist ik niet wie ik zocht! Welke ziel zocht ik voor mijn leger? En voor welke functie? Hoe moest een Hemels Leger ingericht worden? Aanvoerders moest ik hebben, dat lag voor de hand, maar ook soldaten, en ook een staf die inlichtingen kon verzamelen, opdat de aanvoerders zouden kunnen beslissen. En een afdeling die voor de gewonden zou zorgen. Als zielen in de strijd al gewond kunnen raken... Of voor gewonde mensen? En een afdeling die het veroverde gebied zou administreren? Of was dat te aards? Maar het ging tenslotte wel om de Aarde: om de fysieke Aarde met al haar bewoners. Aan volkeren zouden hun plaatsen moeten worden gewezen. Alleen al de terugkeer van alle Joden naar Tsiejón en de verwijdering van al die indringers van daar!

Bij de poort drongen de wachters de mensen terzijde om voor mij de doorgang vrij te maken. Een kleine vrouw mopperde: "Dus ook hier zijn nog rangen en standen! Mooi is dat!" Haar reisgenoten vielen haar niet bij. Ook de vrouw zelf was vast verward. Ik keek haar aan en reikte haar mijn linkerhand. "Kom maar mee", noodde ik haar, "Je zult zien dat eenmaal binnen er geen onderscheid meer is." En terwijl ik met haar langs de wachters liep, riep ik de andere mensen toe: "Kom allemaal maar mee: kom binnen!" De kleine vrouw hield mijn hand goed vast en vroeg nieuwsgierig: "Bent u Petrus?" Ik schoot in de lach en liet haar los. Alle andere gestorvenen verzamelden zich bij ons. "Het bestaan van Petrus is een fabeltje", verzekerde ik hen, "en ook de hel bestaat niet. Welkom thuis in de Hemelen! Loop maar door, dan worden jullie opgevangen..." We stonden op een eindeloos plein en de gestorvenen wisten niet in welke richting te lopen. Het maakte niet uit: de zielen van hun familie en vrienden zouden hun komst bespeuren en zij zouden zich warm om de nieuwkomers draperen. Met een voldane glimlach begaf ik mij naar mijn woning. Mijn Marianna wachtte mij daar op en zij omhelsde mij en zei: "Er staat een engel in je kamer."

Rechtop als altijd alle engelen stond de engel voor mij en zijn blik was omlaag gericht. Terwijl ik hem een stoel wees, nam ik plaats achter mijn bureau. "Wat is het doel van je komst?", vroeg ik. Eenmaal gezeten, keek hij mij aan en hij antwoordde: "Arjé-eel, ik ben gekomen om u te dienen. Dat is mijn taak. Ik zal uw Ozéér zijn terwijl u de Heerschaar mobiliseert." Had ik een helper nodig? De engel scheen overtuigd te zijn van de noodzaak. Ik vroeg hem: "Waarom juist jij?" Hij spreidde zijn handen met de palmen naar boven: "Ik was de Ozéér van uw voorganger toen hij het liet regenen. En sindsdien." Mijn Oude Meester had de Zondvloed geleid?! De Ozéér knikte: "En ook ten behoeve van de Vloed werd de Hemelse Heerschaar opgeroepen." Om al die zielen van de verdronken mensen te begeleiden. "Om álle zielen te begeleiden", verbeterde de Ozéér mij. Natuurlijk: álle zielen.

Troostend aan engelen vond ik, dat hun uiterlijk zo menselijk was: zij schenen mensenlichamen te hebben, met mensengezichten en met lang mensenhaar. Niet zoals bij mensen echter was hun toewijding aan de Schepper volledig. Waar stond ík toen? Ik had nog een tegenwerping: "Feitelijk héb ik al een Ozéér (of beter gezegd 'een Ozérret'): mijn vrouw." De Ozéér schudde zijn hoofd. Zijn lange haar was bruin. Hij zei, dat Marianna mij alleen in mijn woning tot ezrá zou zijn: daar lag haar bestemming. Het was me niet helemaal duidelijk of ik hem aannam of dat hij mij toegewezen was, maar ik knikte hem toe en hij glimlachte zacht en knikte terug. Ik leunde voorover met mijn ellebogen op mijn bureau en sloeg mijn handpalmen ineen. "Goed, Ozéér!", zei ik, "je eerste opdracht is het vinden van een zuivere ziel, die zowel ambitieus is als besluitvaardig, en die inzicht en overzicht heeft betreffende de fysieke wereld. Een ziel die de wereld als één rijk beschouwt, dat moet worden onderworpen. Een ziel voor mijn bevelvoering over mijn verspieders." Ozéér verstarde en keek mij niet begrijpend aan: "Een zuivere ZIEL?! Een ENGEL toch zeker?!" Ik fronste: "Hoezo?!" De Hemelse Heerscharen hadden altijd bestaan uit engelen, want de engelen zijn onoverwinnelijke strijders en zielen kunnen niet strijden. Kalmerend wuifde ik hem toe en sussend zei ik: "Je hebt helemaal gelijk. Het is dan ook niet mijn bedoeling zielen als zodanig ten strijde te laten trekken. Het is mijn bedoeling in de juiste ongeborenen de juiste zielen in te blazen, opdat zij bij het bereiken van de menselijke volwassenheid zich zullen organiseren om de mensheid van binnenuit te dwingen tot verandering. Zij zullen aanzien en macht verwerven en koningen afzetten en de mensheid onderwerpen aan de Enige, de God van Israèl. Ik ga geen wrekende engelen naar Aarde sturen om de mensheid te slaan." Ozéér zei dat hij mij begreep, maar hij wierp tegen, dat dat al eerder geprobeerd was, door mijn Oude Meester, en dat dat mislukt was. Ik was me dat bewust, gaf ik terug, maar ik wist ook dat het toen om enkele eenzame zielen ging, die ongesteund hun taak moesten trachten te vervullen. Wat ik wilde doen, was in een korte periode alle geschikte zielen inblazen op de juiste posities, dat wil zeggen: in de juiste landen, in de juiste sociale kringen, met de juiste ouders... Ozéér knikte langzaam. Peinzend vroeg hij: "En die zielen... jóódse zielen natuurlijk?" Uiteraard. "Maar er zijn meer Joodse zielen dan Joodse moeders. Het aantal Joodse ongeborenen zal dus in elke periode al niet erg hoog zijn, en als ze dan ook nog op de juiste plaats geboren moeten worden..." Dat zou geen beletsel zijn: ik zou Joodse zielen geboren laten worden uit nietJoodse moeders. En ja, ik besefte dat dat in sommige gevallen zou kunnen veroorzaken dat het kind beseft dat het niet thuis is bij zijn ouders, maar wij wisten allebei dat uiteindelijk elke misplaatste Joodse ziel de weg naar haar volk terug vindt.

"Toen de Enige besloot de mens te scheppen, vroeg Hij de zeven Prinsen van de Hemelen om hun mening. De Engel van Liefde was voor, want de mens zou liefdevol zijn, maar de Engel van Waarheid was tegen, want de mens zou leugenachtig zijn; de Engel van Rechtvaardigheid was voor, want de mens zou recht doen, maar de Engel van Vrede was tegen, want de mens zou een ruziezoeker zijn. Hadden wij toen geweten, hoe de mens werkelijk zou worden, dan was ons verzet sterker en algemeen geweest. De Almachtige had ons slechts verteld van de gelovigen die Hij zou scheppen en Hij had gezwegen over de opstandigen. Wij riepen luid: 'Wat is de mens, dat u hem gedenkt? De zoon van de mens, dat u hem wilt onderhouden?' Maar de Eeuwige zei, dat Hij alle schoonheid op Aarde had geschapen voor de ogen van de mens. Uiteindelijk gaven wij toe, waarop de Schepper opdracht gaf aan Gavriël, stof te verzamelen van de vier hoeken der Aarde. Gavriël ging maar keerde onverrrichter zake terug: de Aarde had geweigerd, zeggende: 'Verdoemd zal ik zijn door de mens. Laat de Verantwoordelijke zelf van mij Zijn grondstof nemen, want ik zal het geen ander toelaten!' En daarop reikte de Vader uit naar de hoeken van de Aarde en nam het stof dat Hij behoefde. En Hij nam uit elke hoek, opdat een man uit het oosten in het westen door de Aarde opgenomen zou worden, en een man uit het zuiden in het noorden. Het is gebleken, dat de Aarde het bij het rechte eind had: de mens is daadwerkelijk haar verdoemenis. De vissen drijven op de zeeën en de vogels vallen uit de lucht, het vee leeft in kerkers en broeder martelt broeder. Wat is de mensenziel, dat zij de Aarde herstellen zal?"

"De ziel van de mens is de geest van God, die zweefde over het water."

Ozéér gaf toen op, zoals hij wel moest. "Ga dan nu...", beval ik hem, "die ziel zoeken die ik nodig heb: een zuivere ziel, die zowel ambitieus is als besluitvaardig, en die inzicht en overzicht heeft betreffende de fysieke wereld. Een zuivere ziel, die zijn weg op Aarde al heeft afgelegd en al zijn taken heeft verricht: een ziel die niet door bijzaken zal worden afgeleid." Mijn dienaar stond op en groette mij beleefd: "Heer, ik ga uw wens vervullen." Jaféh, dacht ik, mooi, en daarna mijn volgende wens, en dan nog een... Ha-jad od netoejá – de hand hangt nog buiten het kleed!

Marianna kwam de kamer in en ging zitten in de stoel van Ozéér. Ze glimlachte naar me en vroeg: "Wat wilde die engel?" Hij bood zich aan als mijn Helper. "Maar ík ben toch je helper?!" Ze was mijn vrouw, mijn levensgezellin, maar dit was een Hemelse zaak. "In onze aardse zaak was ik toch ook je partner?" Dat was ónze aardse zaak, maar dit was niet ónze Hemelse zaak. "Manlief, ik begrijp niet hoe jij nu zo'n vooraanstaande engel kunt zijn, terwijl je als mens niet eens een goeie jehóede was..." Ik glimlachte vrolijk naar haar, want ik begreep dat zelf ook niet. Ik zei grinnikend: "Volgens de rabbijnen zou ik nu moeten branden in de hel, want mijn winkel was open met sjabbes!" Marianna trok haar wenkbrauwen op: "Ònze winkel!" Natuurlijk: "Wíj zouden moeten branden in de hel..." Ze lachte, maar ze zei: "En tóch begrijp ik niet dat 'n sjabbesschenner 'n soortement hoofdengel kan worden." Ik lachte: "Je doet 't klinken als 'hoofd-piet', van Sinterklaas!" We lachten samen en we stonden op en naderden elkaar. We omhelsden. "Ik denk", zei ik, "dat de Eeuwige mij ziet als iemand met potentiaal. Iemand die Hij kan vormen en leiden tot de diensten die Hij behoeft. En klaarblijkelijk is de rabbijnse regelgeving voor de sjabbát niet wat de Almachtige bedoelde..." We lieten los en ik bevond mij in een andere ruimte. De muren waren wit en hoog, maar niet bedreigend. Het plafond, als het dat was, was ook wit. En de vloer was wit. Als dat de vloer was... Ik voelde me opgenomen en gewiegd. Warmte doorstroomde mij, warmer dan mijn bloed. De palm van een zachte hand wentelde mij en zwierde mij en voerde mij... op? Heerlijkheid. Liefkozend noemde Hij mij 'de kleine JHVH'! En verder zei God, de Koning die de hemel schiep en hem uitspande; die de Aarde uitbreidde met alles wat daaruit ontsproot; die aan de mensen die daarop wonen, de adem gaf en de geest aan hen die daarop wandelen: "Ik, de Heer, heb jou geroepen in gerechtigheid, je hand gevat, je behoed en je gesteld tot een verbond voor het volk, tot een licht der natiën: om blinde ogen te openen, om gevangenen uit de kerker te leiden, uit de gevangenis wie in duisternis geworpen zijn."

Ozéér kwam naar mijn huis en zat bedrukt in mijn kamer. "Heer, ik ben verward", sprak hij, "want ik heb uw ziel gevonden, maar hij was een handwerker slechts..."

De ziel was groots en had veel bereikt, en als mens was hij door tijdgenoten 'de Hamer' genoemd, want hij had de vijanden Israèl's geslagen en het Huis van de Eeuwige bevrijd van afgoderij en andere verdorvenheid.

Ozéér begreep het nog niet: "Hoe kan een grootse ziel met zo'n staat van verdienste op Aarde terugkeren als simpele handarbeider?!" Mijn verklaring was eenvoudig: het had de Hamer ontbroken aan nederigheid...

Alexander van Macedonië had de koning van de Perzen en de Meden verslagen en diens rijk overgenomen. Hij trok op tot aan de uiteinden van de Aarde en de hele wereld had hij in zijn macht. Twaalf jaar had Alexander geregeerd toen hij stierf. Na zijn dood namen de bevelhebbers het bestuur over, ieder in hun eigen gebied, waarna zij zichzelf tot koning kroonden. Het bewind van hun nakomelingen was een schrikbewind. Een van hen was de valsaard Antiochus Epifanes. Hij werd koning van Perzië in het jaar -175. In die tijd begonnen zich in Israèl afvalligen te roeren die de wet niet meer wilden navolgen, en zij wilden een verdrag sluiten met de omringende volkeren want, zo zeiden zij: "Sinds we ons van hen hebben afgescheiden is ons veel ellende overkomen." Zij voerden vreemde wetten en gebruiken in. Zo bouwden zij in Jeruzalem een sportschool zoals dat bij de heidense volken gebruikelijk was, waarin mannen naakt met elkaar worstelden en omgang hadden, en ook lieten zij zich weer een voorhuid maken, alles om maar niet onderscheiden te worden als Joden.

Antiochus viel Egypte binnen, met strijdwagens en olifanten. De versterkte steden van Egypte werden ingenomen en het land werd geplunderd. Daarna bezette Antiochus het land van Israèl en trok op naar Jeruzalem. Hij drong de tempel binnen, roofde het gouden altaar en alle rituele voorwerpen en al dat van goud en zilver was en liet alles naar zijn land vervoeren. Hij richtte een bloedbad aan en beroemde zich daarop. Heel Israël was in rouw gedompeld. Het land weende om zijn bewoners en het volk van Ja'akóv was met schaamte overladen. Twee jaar later viel een leger van Antiochus Jeruzalem aan. De stad werd geplunderd en in brand gestoken, de huizen en stadsmuren werden neergehaald, de mannen vermoord en de vrouwen en kinderen buitgemaakt. De citadel van Davíed werd versterkt met een dikke muur en hoge torens. Overlopers, mannen die de wet verachtten en hun volk verraadden, verschansten zich er en lagen voortdurend op de loer. Ze waren een bedreiging voor het heiligdom en een nietaflatende plaag voor het volk. Rondom de Tempel vergoten ze onschuldig bloed en ze ontwijdden het heiligdom. De inwoners van de stad vluchtten weg tot er alleen nog vreemdelingen woonden. Jeruzalem werd door haar kinderen verlaten. Zij vluchtten naar de woestijn en hielden zich daar schuil. Het heiligdom stond leeg en stof hoopte er zich op in alle hoeken. Toen gelastte de koning per brief zijn hele rijk om één volk te worden zonder eigen gebruiken. Alle volken gehoorzaamden en zelfs veel Joden gingen over tot de staatsgodsdienst: zij offerden aan afgodsbeelden en ontwijdden opzettelijk de sjabát. In de tempel mochten geen brandoffers, graanoffers en wijnoffers meer worden gebracht en de sjabát en de heilige feestdagen werden afgeschaft. Er werden altaren gebouwd voor afgoden en ten overstaan van afgodsbeelden werd vlees van varkens geofferd. De besnijdenis, hét teken van het verbond tussen de eeuwige en het volk Israèl, werd verboden en het werd vrouwen verboden zich na hun bloedingen in het mikwe te begeven, waardoor zij onrein bleven voor hun echtgenoten. Op al deze verboden stond de doodstraf en vele goede Joden werden gedood. De koning stuurde handhavers naar elke stad en naar elk dorp. Voor alle huisdeuren werd wierook gebrand voor de afgoden en Torárollen werden verscheurd en verbrand.

In die tijd leefde tussen Jeruzalem en Javne, in het dorp Modi'íen een kohén – een erfpriester - genaamd Matietjáhoe. Hij had vijf zonen: Jochanán, Sjiem'ón, Jehoedá bijgenaamd 'de Makkabíe' – de Hamer, Elie'ézzer en Jonatán. Groot verdriet overmande Matietjáhoe toen hij de godslasteringen zag die zich in heel het land afspeelden, riep hij zijn zonen bijeen en zij spraken: "Zijn wij geboren om te zien hoe ons volk vernietigd wordt? De Tempel is ontwijd en wordt voor liederlijke rituelen misbruikt: waarom leven wij nog?" Zij scheurden hun kleren en zonken in diepe rouw. Toen kwamen de handhavers van de afgodendienaren naar Modie'íen om ook daar het volk dwingen de God van Israèl af te zweren. Alle bewoners van het dorp verzamelden zich op het plein, ook Matietjáhoe en zijn vijf zonen. De handhavers wisten dat zij de priesters en de leiders van Modi'íen waren en verlangden van hen als eerste te offeren voor het afgodsbeeld dat zij hadden meegebracht, in navolging van alle andere volkeren en alle inwoners van Jeruzalem. Maar Matietjáhoe weigerde: "Mijn zonen en onze vrouwen zullen trouw blijven aan het verbond van onze voorouders. Wij zullen aan de godslastering van de koning niet toegeven." Terwijl hij zijn weigering uitsprak, trad een andere Jood uit het dorp naar voren, met een gift voor de afgod in zijn handen: hij was bereid te offeren. Matietjáhoe rende op de man af en doodde hem en hij doodde ook de handhavers en hij brak het altaar met het afgodsbeeld in stukken. Daarna riepen hij en zonen alle Joden op de Eeuwige in ere te houden en zich bij hen aan te sluiten. Met een tiental mannen met hun gezinnen trok de familie van Matietjáhoe weg uit Modi'íen en verborg zich in de wouden tussen de bergen.

De grote groep Joden die zich in de woestijn had verstopt, werd opgespoord door een grote legermacht en kreeg het bevel zich over te geven aan de koning en zijn afgoden. De Joden weigerden en daarop werden zij op sjabát aangevallen. Zij vochten niet terug, want ze wilden de sjabát niet ontheiligen. Zij werden alle gedood, duizend mannen, vrouwen en kinderen. Toen Matietjáhoe en zijn zonen van de droeve zaak hoorden, begrepen zij, dat bij een herhaling van aanvallen op sjabát er uiteindelijk geen trouwe Joden zouden overblijven. Daarom besloten ze, dat indien zijzelf zouden worden aangevallen op sjabát, zij zouden terugvechten met al hun wapens en al hun kracht.

Steeds meer Godsgetrouwe Joden sloten zich bij hen aan, en de mannen verzamelden wapens en oefenden in de strijd. Ook trokken zij er op uit, om afvalligen te doden en altaren te verwoesten. Waar zij onbesneden jongens aantroffen, besneden zij die onder dwang. In een steeds groter wordend gebied redden zij de Leer van Israèl.

Matietjáhoe was al oud en hij werd ziek. Hij verzamelde zijn zonen en sprak hen toe: "De Jood die zijn hoop stelt op de Eeuwige wordt gesterkt, elke generatie opnieuw. Wees niet bang voor de woorden van de zondaar, want zijn roem zal vergaan tot rottend aas en wormen. Vandaag wordt de zondaar geëerd, maar morgen is hij weer tot stof geworden, en ook van zijn intriges komt niets terecht. Mijn zonen, wees moedig en sta sterk voor de Leer, want door de Leer zullen jullie roem verwerven. Jullie broer Sjim'ón is een goede raadgever, dus luister naar hem dan zal hij als een vader voor jullie zijn. Jehoedá Makabíe is mijn sterkste zoon, laat hem jullie legeraanvoerder zijn: hij zal de oorlog tegen de vreemde overheersers leiden. Wreek jullie volk: reken af met de heidenen, laat hen bloeden voor elke druppel Joods bloed die zij hebben vergoten!" Matietjáhoe stierf en werd bijgezet in het graf van zijn voorouders in Modie'íen. Alle trouwe Joden rouwden om zijn dood.

Jehoedá volgde zijn vader op. Vol vuur streed hij met zijn broers en al hun mannen voor Israèl. Hij jaagde op de wettelozen en dreef de onderdrukkers van zijn volk het vuur in. Alle wetsverachters deed hij beven van angst en zoo leidde hij zijn volk naar de bevrijding. De vijanden van Israèl haatten hem, maar het Huis van Ja'akóv verheugde zich in hem. Zijn nagedachtenis zal ons eeuwig nabij zijn!

Na verscheidene glorieuze overwinningen van de strijders van de Makabíe besloot Antiochus hen te verpletteren. Hij trok alle strijdkrachten van zijn rijk samen tot één sterk en uitstekend uitgerust leger en betaalde zijn soldaten alvast een heel jaar soldij uit. Toen zag hij dat daarmee de bodem van zijn schatkist in zich kwam. Onderdrukte volkeren brengen elk jaar minder belastingen op, want zij worden enerzijds beperkt in hun economische activiteiten en anderzijds raken zij steeds meer bedreven in het ontduiken van de belastingen. Antiochus besloot naar zijn koninkrijk Perzië te reizen om daar zijn schatkist te gaan vullen. Zijn vervanger Liesias kreeg opdracht de opstand van de Makabíem te breken. Hij moest elke herinnering aan hen uitwissen en hun land met vreemdelingen bevolken. Veertigduizend soldaten en zevenduizend ruiters trokken het land binnen om het te verwoesten. Afvallige kooplieden trokken hen met goud en zilver tegemoet, om gevangen genomen Joden te kopen als slaven.

De Makabíem hoorden dat de koning bevel had gegeven hun volk volledig uit te roeien en ze verzamelden zich voor de eindstrijd. Ze baden gemeenschappelijk de God van Israèl om ontferming en mededogen. Zij vastten die dag, trokken een boetekleed aan, wierpen stof over hun hoofd en scheurden hun kleren. Zoals andere volken voor een aanwijzing hun afgoden raadplegen, zo openden zij een Torárol. Ze hadden priesterkleden, de eerste opbrengst van de nieuwe oogst en de tienden meegenomen en ze riepen luid naar de hemel: 'Waar moeten wij deze zaken van heiligheid in veiligheid brengen, Heer der wereld? Uw tempel is onteerd, uw priesters zijn geslagen en in rouw gedompeld. U weet wat vreemde volken met ons van plan zijn. Help ons zoals u onze voorouders hielp, en red ons!" De Makabíem leverden twee maal slag: een maal met de ene helft van het vijandelijke leger, daarna met de andere helft. En overwonnen! Zingend maakten ze de terugtocht en loofden de hemel: 'Eeuwig duurt zijn barmhartigheid.' En zo werd Israèl die dag gered.

Het jaar daarop bracht Liesias zestigduizend geoefende krijgslieden en vijfduizend ruiters samen voor de strijd. De Makabíem kwamen hen tegemoet met slechts tienduizend man. Jehoedá bad intens tot de Eeuwige en vroeg om steun en redding zoals God die aan Davíed had gegeven in zijn gevechten met de Filistijnen. De strijd duurde niet lang, want Liesias was verrast door de tegenstand en trok zich terug om te proberen een nóg grotere macht bijeen te brengen.

De Makabíem trokken op naar Jeruzalem. Een deel van hun leger legde een ring om de citadel met de afvallige verraders, die gedood zouden worden, en de broers begaven zich naar de berg Moríe-Jah. Er was niemand in de Tempel. De poorten waren verbrand en in het vrouwenhof groeide hoog onkruid. Op het altaar stond een beeld. De vertrekken van de priesters waren vuil en vervallen. Jehoedá koos uit zijn volgelingen priesters uit van onbesproken gedrag, en deze reinigden het heiligdom en verwijderden het beeld van het altaar en voerden het af naar een onreine plaats. Ze braken het ontwijde en te erg verontreinigde altaar af en bouwden een nieuw altaar. Vele dagen werkten de priesters en met hen de Levieten en vele zonen van Israèl verleenden met graagte hand- en spandiensten. Ze brachten het heiligste der Heiligen en de priesterhof weer in oude staat en kuisten de vrouwenhof en het Tempelplein. Een grote vreugde brak uit toen de priesters reukwerk brandden op het altaar. Toen de priesters de lampen aanstaken, de toonbroden op de tafel legden en de voorhangsels ophingen, was het herstel van de Tempel volbracht. Op de vijfentwintigste dag van de negende maand kislév brachten de priesters volgens de voorschriften een dankoffer op het nieuwe altaar. De Tempel was vol liederen en muziek van citers, harpen en cimbalen. Het hele volk knielde neer en boog diep voorover om de God van Israèl, die hen had gered, te loven. Acht dagen lang vierden ze de inwijding van het altaar en brachten ze vol vreugde brandoffers, vredeoffers en dankoffers. Zeer verheugd het volk omdat de minachting die ze van de vreemde volken ondervonden hadden, was gelogenstraft. Veel Joden keerden terug uit hun vluchthavens in andere landen zoals Edóm. Zij bouwden een hoge muur om de stad met versterkte torens, om het heiligdom te beschermen tegen nieuwe invallen en Jehoedá legerde een groot garnizoen van getrouwen in de citadel.

Dit was het grote werk van Jehoedá ha-Makabíe – de Hamer - die het Jodendom bewaarde voor alle volgende generaties.

De Steenbok regeert het hoofd van de Strijder

Toevíe-Jah 2

Kort nadat Toevíe in zijn bezit was hersteld, was er een feestdag van de Eeuwige en in het huis van Toevíe werd een feestmaal bereid. Toevíe sprak tot zijn zoon: Vindt enkele leden van onze stam, die God vrezen, opdat zij samen met ons zullen vieren. Toevíe-Jah ging uit maar al snel keerde hij terug en gehaast vertelde hij zijn vader, dat een zoon Israèl's vermoord in de straat lag. Toevíe sprong op van zijn plaats aan het hoofd van de tafel en liet de maal voor wat het was. Hij haastte zich naar de dode. Hij raapte het lijk op en droeg het stilletjes naar zijn huis, met de bedoeling het na zonsondergang in het geheim te begraven. Nadat hij het lijk had verborgen, waste hij zijn handen en at hij alleen maar droog brood. Hij rouwde om de dode en hij verkeerde in vrees. Hij gedacht de woorden van de Eeuwige, die Hij sprak door zijn profeet Amóts: "Jullie feestdagen zullen veranderen in dagen van klaagzang en rouw".Zodra de zon onder was, ging hij uit om de dode te begraven. Zijn buren merkten het en spraken hem verontwaardigd toe: "Je bent al een keer ter dood veroordeeld hierom en je ontsnapte slechts tenauwernood en nu begraaf je weer de doden?!" maarToevíe vreesde God meer dan de aardse koning en hij volhardde in zijn mitswe en elke keer dat er een van de kinderen Israèl's werd vermoord, ging hij en droeg hij de dode naar zijn huis en verborg hem daar. Tegen middernacht, als alle burgers sliepen, ging hij dan uit om de dode fatsoenlijk te begraven.

Op een dag werd de herhaalde omgang met de dood hem teveel, en hij kwam thuis en hij legde zich in de binnenplaats wanhopig neer langs de muur en sliep. Terwijl hij sliep ontlastte onder het dak een zwaluw zich en warm uitwerpsel viel in zijn gelaat en maakte hem blind. Deze beproeving liet de Eeuwige over hem komen, om het nageslacht een voorbeeld te geven van Toevíe's geduld. Hij was als de heilige Ijóv. En inderdaad: zoals hij vanaf zijn kindertijd God gevreesd had en Zijn wetten had gehouden, zo kwam hij niet in opstand tegen de Eeuwige vanwege de kwade zaak van zijn blindheid. Hij bleef onwrikbaar in zijn geloof en zijn trouw, en dagelijks prees hij de Eeuwige en dankte hem. En zoals de koningen zich vrolijk maakten over Ijóv, zo lachten zijn bekenden en familieleden om Toevíe, en zij zeiden: "Waar is nu je hoop, waarvoor je aalmoezen gaf en de doden begroef?" Maar Toevíe wees hen terecht, door te zeggen: "Spreek zo niet, want wij zijn de kinderen van de heiligen en wij kijken alleen uit naar het leven dat de Eeuwige zal schenken aan hen die hun geloof nooit van Hem afwenden."

Zijn vrouw Channah ging dagelijks naar haar werk als weefster en wat zij kreeg in ruil van haar werk, bracht zij mee naar huis, om in hun levensonderhoud te voorzien. Op een dag kreeg ze een jong geitje en ze bracht het mee. Toen Toevíe het hoorde blaten, zei hij: "Pas op, misschien is het gestolen: zoek de eigenaren en geef het hen terug, want het is in strijd met onze wet gestolen waar zelfs maar aan te raken!" Deze woorden maakten zijn vrouw heel boos en zij antwoordde: "Het is nu wel duidelijk dat jouw hoop niet uitkomt en van je aalmoezen zijn we alleen maar arm geworden". Vanaf die dag sloeg zij hem dagelijks met dergelijke woorden.

De Weegschaal

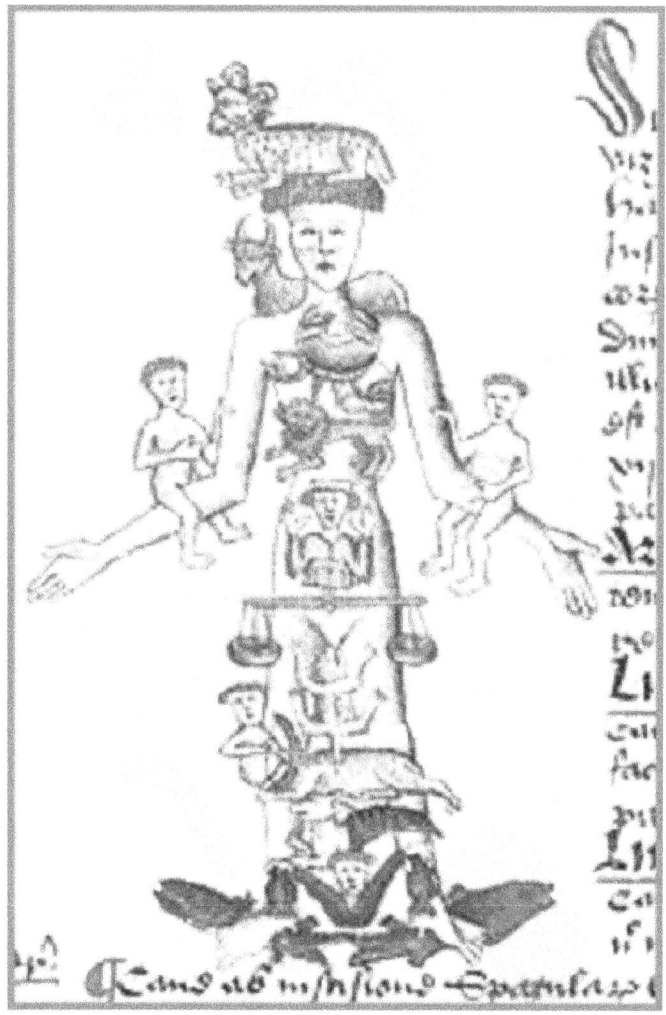

Terugsturen zal ik de mens, naar het land van zijn moeders.
De blanke mens zal ik onverbiddelijk wijzen naar Europa,
de zwarte mens zal ik thuisleiden naar Afrika,
de Aziaten zeilen naar het oosten.
De vermengde mens zal keren naar het land van zijn moeder.

De dieren zal ik bevrijden uit de tuinen en ik zal hen terugbrengen naar de continenten waaruit zij werden geroofd.
De vissen, groot en klein, zal ik terugzetten in de Diepe Wateren.
De wonden van de Aarde zal ik verbinden en genezen.
De mijnen zal ik vullen en de dammen zal ik breken.

De boeken zal ik uitspoelen
Het papier zal ik verteren
Al dat de mens geschreven heeft, zal ik wissen

"Laten wij zoeken naar een zuivere ziel, die een denker is en een strateeg. Een ethicus en een filosoof. Een leider die kan overtuigen én onderhandelen. Een ziel voor mijn bevelvoering. Zij zal de strijd voorbereiden.

Die ziel moet zijn vol sereniteit, liefde, genade en bevalligheid. Maar bovenal moet zij haar verborgen wilskracht al ontdekt hebben."

Begeleid door Ozeer daalde ik af naar waar de zielen verblijven. Het is de weerspiegeling van de Aarde. Alle landen en alle tijden liggen daar aan weerskanten van een karrepad. We liepen op dat pad, ik links, mijn helper rechts één pas achter mij. Toen wij links prehistorische wezens door een moeras zagen waden, hoorden wij van rechts een stoomfluit. Een oude trein? Een hoge gemetselde muur zagen wij, en daar bovenuit stak een pannendak. We liepen tot bij de poort. Wagens reden in en uit: paardenwagens én motorwagens. De portier viel voor ons op zijn aangezicht. Hij verborg zijn ogen en zweeg. Ik beval hem op te staan en hij gehoorzaamde meteen, maar hij dorst niet mij aan te zien. "Toon ons hier het werk", sprak Ozeer. De portier antwoordde: "Heilige Heren, dat kan ik niet: ik ben gebonden aan deze loge." Ozeer knikte en zei toen: "Kondig dan aan je bazen aan dat Metatrón gekomen is."

Het was een grote fabriek, met vele wagens en wel duizend arbeiders. De eigenaresse was een vrouw, die zakelijk maar met hart leiding gaf. Op het weideland naast de hallen had zij straten uitgezet en huizen laten bouwen. Zij rekende scherp en stuurde strak en deed altijd recht aan iedereen. Kinderen werden geboren in haar huizen, speelden in haar straten en werkten voldaan aan haar lopende banden. Toen nu dan voor haar ziel de tijd gekomen was om terug te gaan, riep de vrouw haar echtgenoot bij zich en met trillende stem las zij hem voor:

Liefsteling, ontwaak uit je verdriet
En beloof me nu: je verbrandt me niet!
Je zult mij na straks dat vormeloos kreperen
Toch niet ook nog respectloos doen cremeren?

Laat mijn lichaam waardig rotten
Diep in deze zompige Hollandse grond.
En hang mijn kleren voor de motten
en geef mijn toffels aan m'n trouwe hond.

Je moet huilen, en dat mag voor even,
Maar spring dan op en vier het leven:
De dood is van het vlees
Maar de ziel leeft zonder vrees
Voort in de Hemel, lees:
Aan de voeten van de Mees...

Ster! Zoek die ene, die vrolijk naar je lonkt,
die naar je straalt en vurig vonkt
en gedenk dan de verliefdheid en de lust
waarmee wij al die jaren hebben gekust.

Het leven is schier eindeloos lang
En daarom was ik nooit echt bang.
Ik wist, dat de dood ooit komen zou,
En ik zei toch, dat ik hem ontmoeten wou
En ik heb dat ook werkelijk gemeend.
Dus liefsteling, nu niet geweend!

Omhels mij nog één maal:
Ik ga... Ik ga verder nu...

Ik was ontroerd: wie op haar sterfbed zoveel kracht nog heeft en zo nog schrijven kan... zij was een goede keus. Ozeer wilde van mij nog weten, wat ik nu precies voor ogen had. Ik zei hem, dat ik mijn opdracht had, maar nog niet heel mijn opdracht. En ook zei ik hem, dat de zielen die de mensheid kenden, de toekomst zouden uitwerken. Maar wat had ik voor ogen? De Eeuwige had ik voor ogen, zonder onderbreking. En ik verkondigde mijn helper, dat de boog der sterken breken zou en dat zij die nauwelijks nog lopen konden, met kracht omgord zouden gaan. Dat zij die volgevreten waren, zich zouden verhuren voor droog brood, en dat de hongerigen verzadigd zouden zijn. Dat de vader van vele kinderen zwak en nutteloos zou worden en de onvruchtbare zeven kinderen zou verwekken.

De Altijdaanwezige maakt arm en maakt rijk. Hij vernedert, ook verhoogt Hij. Hij verheft de geringe uit het stof, en de nooddruftige verhoogt Hij uit de drek, om te doen zitten bij de vorsten, dat Hij hen de stoel der ere doe beërven; want de grondvesten van de Aarde zijn van de Altijdaanwezige en Hij heeft de wereld daarop gezet. Hij zal de voeten van Zijn gunstelingen bewaren, maar de goddelozen zullen zwijgen in duisternis: een man vermag niets door kracht. Die met de Altijdaanwezige twisten, zullen verpletterd worden: Hij zal in de hemel over hen donderen. De Altijdaanwezige zal de einden der Aarde richten en zal Zijn Koning macht geven. En Hij zal de hoorn van Zijn Gezalfde verhogen. "Ik ben niet uit op lijden", zo staat opgetekend uit de mond van de Eeuwige, "maar ik kan het goed verdragen."

Hoe mooi en groots ook de woorden van die stervende vrouw, in haar leven was zij te klein gebleven voor mijn doel. Mijn helper moest ontdekken, waarom juist zij ons gewezen was. Hoger moest Ozeer zijn blikken richten en nóg hoger beval ik hem te kijken, tot tegen het plafond hij tenslotte de oudste ziel der mensen zag: de ziel van Adám.

Negen levens had die ziel gekend. Tegen haar schepping als de eerste mens hadden de Hoge Engelen geprotesteerd en ook de Aarde had haar medewerking onthouden. Bovendien had zelfs de Torá nog tegengeworpen: "Heer der wereld, Koning van het heelal, Schepper van het Begin, groter dan het oneindige! De schepping is uw eigendom en u kunt er mee handelen naar uw wil, maar de mens die u nu wilt scheppen, zal kort van dagen zijn en vol onrust en zonde. Het is beter hem niet te scheppen!" Maar God antwoordde vastbesloten: "Het zal toch niet voor niets zijn, dat ik de Geduldige en de Barmhartige word genoemd?"

Alle mensenzielen werden tegelijkertijd geschapen en in de zevende Hemel wachten zij op hun beurt. De ziel en het lichaam worden aldus verenigd: zodra een ontvankelijke vrouw gemeenschap heeft, brengt de engel Láila het zaad voor de Almachtige, opdat Hij zal bepalen wat voor mens er uit groeien zal: vrouw of man, wijs of dom, sterk of zwak, rijk of arm. Alles wordt daar en dan bepaald, behalve de maten van vroomheid en boosaardigheid: die bepalen de mensen zelf. Dan draagt God mij op: "Breng die-en-die ziel, die zo-en-zo heet, opdat zij deze droppel zal betrekken!", en ik laat die ziel dan halen. Zij werpt zich neer voor de Eeuwige en smeekt om Zijn genade: "Koning der Hemelen, hier is het mij goed vertoeven en hier heb ik zo lang bestaan: waarom verlangt u van mijn puurheid dat zij zich besmet?" Dan troost de Vader aller zielen met de woorden: "De wereld die jij gaat bewonen is mooier dan de Hemelen hier. Hiertoe heb ik jou dan ook geschapen. Trek nu in dit zaad!" Tegen haar wil, ja, zelfs onder haar nadrukkelijk protest, wordt dan de ziel in het zaad gedwongen, en daarna draagt Láila haar naar de moederbuik. Twee lagere engelen zien toe tot zij zich hecht en zij zetten een licht boven haar, waarbij zij zal kunnen zien tot aan de uiteinden der schepping. In de ochtend komt dan een engel die haar de rechtvaardigen in de Hemelen toont en zegt: "Kijk, deze hielden zich aan God's Torá en verbeterden de wereld. Hier is hun beloning: eeuwigheid in het Paradijs. Laat dit ook jouw deel ooit zijn!" In de rest van die dag draagt de engel de ziel door de wereld, door alle plaatsen waarin zij zal wonen en langs alle plekken vol verleiding tot het boze. Na drie maanden wordt de Róe'ach ingeblazen en na negen maanden komt dan weer die engel en wekt de ziel: "Het is je tijd de wereld in te gaan: men is al op je aan het wachten en er wordt al naar je verlangd!" Maar de ziel wil liever niet en de engel tikt de baby op de neus en dwingt het uit de buik. De ziel is zich dan van al haar kennis plotseling onbewust en de baby huilt van schrik en van kou.

Wanneer vele jaren later, als de Almachtige zo heeft beschikt, de engel de ziel weer op komt halen, vraagt zij: "Ken je me nog?" De ziel zegt daarop verbaasd: "Jazeker, maar waarom kom je nu ineens na al die jaren?" Dan wil de ziel niet weg meer van de Aarde en redetwist zij wanhopig. De engel legt haar streng het zwijgen op met deze woorden: "Tegen je wil verliet je de Hemelen en nu zul je tegen je wil er terugkeren? Nu is het tijd om te verschijnen voor de Rechter, om rekenschap af te leggen aan de Heilige, geprezen is Hij."

Adám werd door de Zorgzame geschapen als volwassen man, zoals de vissen, de vogels en de dieren ook in volwassenheid op Aarde werden gezet. Adám was het grootste schepsel God's: waar zijn voeten op de Aarde steunden, verstoorden zijn haren de wolken. Zijn schoonheid is tot op heden legendarisch en zal niet worden geëvenaard: de zolen van zijn voeten zelfs overtroffen in schoonheid de stralen van de zon. De kinderen van Adám waren kleiner dan hun vader en hun kinderen weer kleiner dan zij. Saráh was in haar generatie de mooiste aller vrouwen, maar bij Chavá vergeleken was zij slechts een apin. En Chavá was als een monster naast Adám.

Adám was de mooiste mens die er ooit is geweest en zijn uiterlijk weerspiegelde zijn innerlijk, want de Schepper had zijn ziel met uiterste zorg gevormd. Zij is waarlijk het evenbeeld God's.

Zoals de Alomtegenwoordige het oneindige vult, zo vult de men7enziel het lichaam. Zoals de Alziende alles ziet, maar zelf onzichtbaar is, zo neemt de ziel van de mens alles in en om het lichaam waar, maar is zij zelf niet te zien. Zo zuiver als de Eerste is ook de menseziel, en even onkenbaar.

Toen de Schepper de ziel van Adám in zijn levenloze lichaam wilde blazen, legde Hij de engelen uit: "Ik zal haar niet inblazen via de mond, want met hem zal de mens kwaadspreken, en niet via zijn ogen, want met hen zal hij verleiden, en ook niet via de oren, want met hen zal hij horen maar niet luisteren. Ik zal de ziel inblazen via de neusgaten, want die onderscheiden tussen schoon en vuil en laten wat ongeschikt is niet door. En zij nemen op wat aangenaam geurt, en zo zal de mens zich ver houden van zonde en zich vastklampen aan de woorden van de Torá."

Nog voor Adám ontwaakte onderwees de Leraar hem de gehele geschiedenis der mensheid: van begin via herbegin naar herbegin en voorwaarts. Adám zou duizend jaren leven, maar toen hij opmerkte dat voor Davíed maar één minuut was voorbestemd, schonk hij voor deze zeventig van zijn jaren. Adám's wijsheid kwam tot uiting al meteen diezelfde dag, toen hij alle dieren namen gaf. En verder dankt zijn nageslacht aan hem al diens vaardigheden, ja, zelfs het schrift was van zijn hand!

Oi, toen de Prinsen van de Hemelen zagen hoe Adám door de Almachtige werd bedeeld! Satán was toen nog Opperprins der engelen en hij weigerde Adám te eerbiedigen: "Ons, o Heer der Heerscharen, heeft u gevormd uit het licht van de Sjchiená en nu verlangt u dat wij onze eerbied tonen voor een schepsel dat U maakte uit het slijk der Aarde?! Nee, zeg ik en probeer niet mij te dwingen, want dan zal ik mijn troon hoger zetten dan de sterren van God, **en ik zal aan u gelijk zijn!**" De Eeuwige verbande daarop Satán voor eeuwig uit de Hemelen en wierp hem en zijn volgelingen neer tot in de krochten der Aarde. Van daar uit bestrijden zij de mens nog alle dagen.

Vanuit vier hoeken der Aarde weer nam de Schepper het stof en Hij maakte voor Adám de vrouw Liliet, opdat hij zich zou verheugen. Welnu, dat werkte maar kort, want toen Adám zich voor de tweede maal op Liliet uitstrekte, duwde zij hem om en wilde hèm bestijgen: zij was immers aan hem gelijk en had gelijke behoeften en gelijke rechten. Toen Adám weigerde zo met haar te verkeren omdat hij haar ondergeschikt wenste te houden, schreeuwde zij in woede de Geheime Naam en vloog weg van hem, om zich te voegen bij het leger van Satán. Zij werd de vijand van de jonggeborenen en de berijdster van elke man die alleen ligt in de nacht.

De Schepper nam daarop een rib uit het lijf van Adám en maakte hem een geschikte vrouw: de óndergeschikte vrouw Chavá. Een vrouw die haar plaats wist in de schaduw van de man. En de Almachtige zei Adám zijn vrouw alles te leren dat hij wist, opdat zij innig zouden zijn en zouden kunnen samenwerken als beheerders van de Aarde. Daarin faalde Adám en zo kon het gebeuren dat Chavá werd verleid door de slang: zij was niet voorbereid en werd slachtoffer van de geslepenheid van die afgezant van Satán. Daarna bleek Adám teveel mens om de woordjes van Chavá te kunnen weerstaan. Kennis is dus geen garantie voor karakterkracht, zelfs wijsheid is dat niet.

De Almachtige, gezegend is Hij en gezegend Zijn Naam, wilde Chavá niet maken van het hoofd van Adám, opdat ze niet verwaand zou zijn, en niet van zijn ogen, opdat ze niet zou lonken; niet van zijn oren, opdat zij niet zou afluisteren; niet van de nek opdat zij niet stijfkoppig zou zijn; niet van de mond, opdat zij niet zou kwebbelen; niet van het hart, opdat zij niet verteerd zou worden door jaloezie; niet van de handen, opdat zij zich in niets zou mengen; niet van de voeten, opdat zij niet onrustig zou rondlopen... De Eeuwige besloot de vrouw te maken van een kuis en onschuldig deel van Adám en Hij koos de rib. Terwijl de Schepper Chavá vormde sprak Hij elk lichaamsdeel toe: "Wees kuis! Wees kuis!". Maar ondanks God's grote zorg bleek de vrouw alle fouten te bevatten die Hij zo wilde voorkomen. Saráh luisterde Avrahám en de engel af, Mirjám roddelde over Mosjé, Rachéél was jaloers op haar zus Leá, Chavá stak haar hand in de zaken van God en at van Zijn boom, en Diená was een spring-in-'t-veld. Man en vrouw verschillen veel, want de man is geschapen vanuit het onvergankelijke stof der Aarde en de vrouw slechts uit een bot. Daarom ook heeft de vrouw parfum nodig en mannen niet: het stof van de Aarde bederft niet. De man vraagt de vrouw zich met hem te verenigen, omdat hij anders voor altijd zijn rib moet ontberen. De vrouw bedekt haar haren uit schaamte: zij is als Chavá, die de zonde in de wereld bracht. Ook is het de vrouw die vooropgaat bij een begrafenis, want het is de vrouw die de dood in de wereld bracht.

Het was de Eeuwige zelf die Chavá kapte en kleedde voor de huwelijks-sluiting. Hij riep Zijn engelen toe: "Diensten die men elkaar zal bewijzen, zullen voor Mij zwaarder wegen dan de offers die de Kinderen Israèl's Mij zullen brengen!" Daarna dansten de engelen rond de choepá en zij maakten Hemelse muziek. O! Het was goed in de Hof van Èdden! Adám hoefde niet te werken: hij hoefde slechts te zijn. Planten en struiken en bomen brachten voedsel voort zodra hij honger voelde en de Schepper om stilling bad. De Eeuwige verlangt diep naar de gebeden van de vromen.

De weegschaal regeert heupen en nieren van de strijder

Toen zijn vrouw hem zo boos en verbitterd bejegende vanwege hun armoede, zuchtte Toevíe en bad vol verdriet: "U bent rechtvaardig, Eeuwige, en al uw oordelen zijn rechtvaardig, en uw wegen zijn vol genade en waarheid en wijsheid, maar zie mij nu, Heer, en gedenk mij en wreekt u mijn zonden niet aan mij, en straf niet mijn misstappen noch die van mijn voorouders.

Zeker hebben wij uw geboden niet gehoorzaamd en zijn wij deswege overgeleverd aan roof en gevangenschap, en ook aan moord en doodslag. En zeker is het deswege, dat onze roem nog slechts een fabel is en dat wij nog slechts als zondebok dienen voor alle volkeren, waaronder u ons hebt verspreid. In deemoed aanvaarden wij uw vonnis, want wij hebben niet altijd gehandeld naar uw voorschriften en wij hebben niet in oprechtheid voor u gewandeld. Doe met mij naar uw goeddunken, o Heer, en geef dat mijn geest in vrede zal worden ontvangen, want ik kan beter sterven dan leven."

In Midján, in de stad Ragés, riep Saráh bat Ragoe´él dezelfde woorden tot de Eeuwige. Eerder die dag was zij uitgescholden en bespot door een van de dienaressen van haar vader, want zij had al zeven echtgenoten gekregen en een duivel genaamd Ásjmedai had elk van hen vermoord tijdens de bruidsnacht, al meteen toen hij tot haar wilde ingaan.

Zij had de dienstbode gewezen op een fout en daarop had deze haar vervloekt met de woorden: "Mogen wij nooit van jou een zoon of dochter zien op de hele Aarde, jij moordenares van echtgenoten! Ga je mij nu ook afslachten, zoals je al zeven mannen afslachtte?" Na deze woorden vluchtte Saráh naar een kamer boven in het huis, en drie dagen en drie nachten at zij niet en dronk zij. Onafgebroken bad zij in tranen tot de Eeuwige en smeekte Hem, dat Hij haar zou verlossen van die beproeving. Op de derde dag besloot ze haar gebed met een lofzang op de Heer. Ze sprak: "Gezegend is uw naam, o God van onze voorouders! U die na boosheid genade toont en die in onze diepste nood de zonden vergeeft van hen die u aanroepen. Tot u, mijn Heer, hef ik mijn gelaat, op u richt ik mijn ogen. Ik smeek u, God, dat u mij bevrijden zult van de knellende band van deze beproeving of dat u mij wegneemt van de Aarde. Het is u bekend, Alwetende, dat ik nooit een echtgenoot begeerde en dat ik mijn ziel schoon hield van alle lusten en verlangens. Ik heb mij nooit ingelaten met hen die maar wat speelden, en ik ben nooit omgegaan met hen die de gebruiken licht nemen. Een echtgenoot heb ik aanvaard, niet uit mijn begeerte, maar om aan uw geboden te voldoen.

Misschien was ik hen onwaardig en misschien waren zij mij niet waardig: wellicht bewaart u mij voor een andere man... Uw overwegingen liggen buiten het bereik van de mens, maar eenieder van ons mag van één zaak zeker zijn: indien zijn leven moeilijk is, zal het worden verlicht en bekroond. Uit een beproefd leven zult u verlossen, uit een leven vol misstappen zult u opnemen in genade. Immers, u vindt geen vermaak is onze teloorgang en na een storm zorgt u voor rust, en na tranen en geween schenkt u opperste blijdschap over ons uit! Moge uw Naam voor altijd gezegend zijn!

Tegelijkertijd werden hoog in de Hemelen, voor de troon van de Opperste Koning der koningen, de gebeden van Toevíe en van Saráh gehoord.

En Rafaël, dit is Ozeer, een heilige engel van de Heer, werd gezonden om beide getrouwen te helen.

De Ram

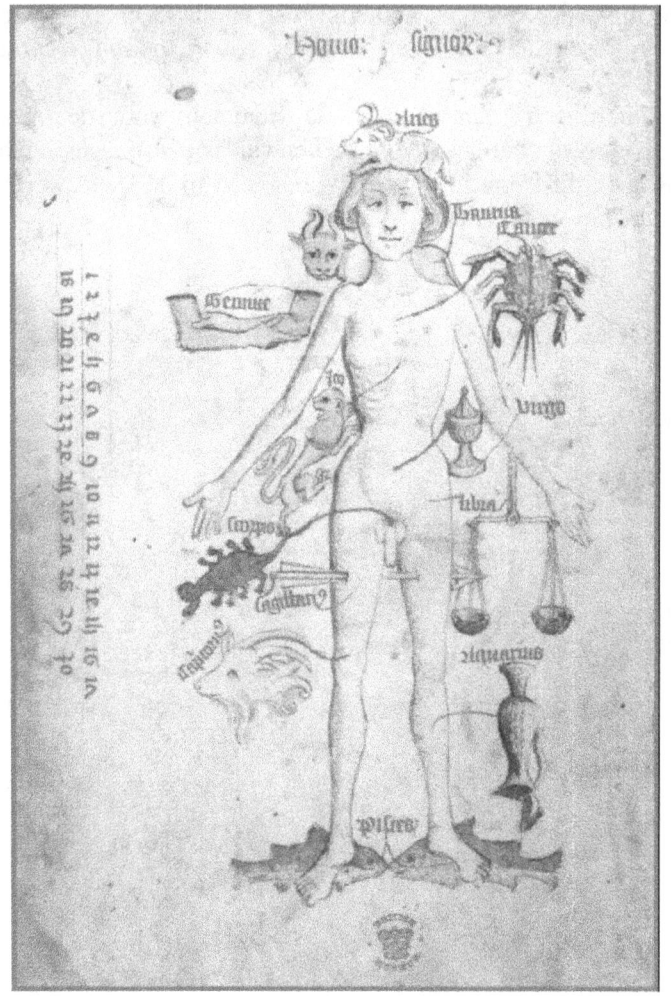

Wat is de liefde van de mens mij waard?
Vergankelijk als de regendruppel
En liederlijk luidruchtig.
Waarom zou ik om de mens iets geven?
De mens houdt geen stand en is gewetenloos.
De mens heeft een hart
Dat niets voelen kan.

Hoe, waar, wie en wanneer
Zal ik slaan?
Op wolken kan een mens niet staan
Maar op de lijken van de zondaren staat de Almachtige

Wij liepen op het karrepad, mijn Ozeer en ik, en wij zochten naar een zuivere ziel, die bestaat bij de gratie van haar daden, die altijd streeft naar de maximale prestatie. Die het voortouw neemt en op elke verwikkeling meteen reageert en die de uitdaging niet afwacht, maar opzoekt. Een ziel voor mijn bevelvoering. Zij zal de strijd leiden.

Ozeer vroeg mij plots: "Zal de Aanvoerder van de Hemelse Heerschaar ook de leider op Aarde zijn?"

"De Masjíeach? Nee, die ziel is immers al voorbestemd en dus bekend!" Daartegen had Ozeer een bedenking: "Maar zal hij dan wel voldoende gezag hebben? Hij zal dan niet de Verlosser zijn: hij zal met de Aanvoerder juist moeten dingen naar de liefde van de mensheid!" De Verlosser zal de weg bereiden en de Masjíeach zal die begaan. De Masjíeach zal de gezalfde zijn: door de hand van de Eeuwige met olie begoten, en gewijd tot diens Koning der Schepselen. De Verlosser zal herinnerd en geëerd worden, maar door de hand van de Masjíeach zal de wereld voortbestaan.

Nadenkend opperde de engel: "Daar schiet mij te binnen, dat Jehosjóea het Beloofde Land veroverde..." Ja. Ik herinnerde mij: "Voorts geschiedde het, als Jehosjóea bij Jerichó was, dat hij zijn ogen ophief en zag, hoe er een man tegenover hem stond, die een getrokken zwaard in zijn hand had. En Jehosjóea trok ook zijn zwaard en naderde de vreemde behoedzaam en riep hem vragend toe: "Zijt gij van ons of van onze vijanden?" En de man zei: "Niet het een en niet het ander. Ik ben de Aanvoerder van het heir des Heren: ik ben nu gekomen!" Toen viel Jehosjóea op zijn aangezicht ter Aarde en aanbad hem, en daarna zei hij tot hem: "Wat spreekt mijn Heer tot zijn knecht? Mijn leger is uw leger." De Aanvoerder van het Heir des Heren maande Jehosjóea: "Trek je schoenen af van je voeten; want de plaats, waarop je staat, is heilig." En Jehosjóea deed alzo. "Nu dan", zei de man, "niet jouw leger zal mijn leger zijn, maar mijn leger zal jouw leger zijn: op last van de God van Israël kwam ik om jou te versterken. Ik zal de muren van Jerichó doen vallen. Zes dagen achtereen zullen jouw mannen telkens éénmaal rond de stad lopen, maar zij zullen zwijgen en geen enkele pijl afschieten. Maar op de zevende dag zullen zij zeven maal rond de stad trekken, voorafgegaan door de erfgenamen van Aharón, die de Ark zullen dragen en voor elke poort de loftrompet zullen steken. Aan het eind van de laatste rondgang zullen de Priesters weer de loftrompet steken en al jouw mannen zullen juichen voor de

Eeuwige een gejuich van reuzen. Dan zal mijn leger daar staan en inhouwen op de muren om voor jouw leger de muren te verbrijzelen."

Jehosjóea deed zoals zijn Hemelse bondgenoot hem opdroeg en op de zevende dag hakten de engelen in op de wallen. En de kinderen Israèl's konden de engelen niet zien en zij meenden dat hun gejuich de Aarde deed beven en de muren deed scheuren en breken. Woest en meedogenloos drongen zij door de bressen de stad binnen en slachten met hun zwaarden alle inwoners af. Alleen het huis van de hoer Rachàv lieten zij ongemoeid, want Rachàv had hun verspieders geholpen. En het volk zei tot Jehosjóea: 'Wij zullen de Heer, onze God, dienen, en wij zullen Zijn stem gehoorzamen.'

Jehosjóea was de eerste generaal van het Joodse volk en hij was succesvol in de verovering van het Beloofde Land doordat hij zich eerst en vooral een man van God wist. ...Laten wij de ziel van Jehosjóea vinden: zij zal voldoen! Veertig dagen wachtte zij op de helling van de berg Chòrev tot Mosjé afdalen zou: zo trouw is Jehosjóea, en zo groot!"

Toen Jehosjóea in Egypte nog een peuter was, reisde zijn bevoorrechte familie regelmatig vanuit de stad Tsoán naar de kust van het land Chósjen, om daar enkele dagen te baden. Op een kwade dag sloeg een golf Jehosjóea's moeder omver en rukte hem uit haar armen en sleurde hem mee tot ver in de zee. Indertijd zwommen in die zee nog verscheidene zoogdieren van de familie walvis. De peuter zonk en verdronk bijna, maar een delphis zag dat gebeuren en in een imitatie God's nam hij de peuter op en droeg hem boven water naar het droge. Dat was inmiddels al ver van de badplaats van zijn ouders, buiten het land Chósjen en de wenende Jehosjóea werd gevonden door de lokale bevolking en opgevoed als een van hen. Toen hij volwassen was, nam hij dienst bij de Egyptische wacht. Na enkele jaren werd hij benoemd tot beul met als standplaats de stad Tsoán. Op een dag werd een Hebreeër veroordeeld wegens opruiing en Jehosjóea doodde de man volgens de regels van zijn beroep. Naar de wet van Egypte behoorde de vrouw van de dode aan de beul en Jehosjóea begaf zich naar het huis van de Hebreeër en wilde tot de vrouw ingaan. Uit de borsten van de vrouw begon toen melk te vloeien. Jehosjóea schrok daarvan terug en kleedde zich en sprak met de vrouw. Toen hij van haar hoorde, dat haar een kind was afgenomen door de zee, begreep hij dat hij weerhouden was van een doodzonde. Hij begreep dat hijzelf dus ook een Hebreeër was en bovendien bgreep hij, dat de opstandige Hebreeër die hij plichtsgetrouw had geëxecuteerd, zijn vader was geweest. Hij leerde hoe bitter het lot van de meerderheid van de Hebreeërs was in Egypte: zij werden gewantrouwd als vreemdelingen en onderdrukt. Toen het bericht kwam, dat de Hebreeërs het land Egypte moesten verlaten, stond ook Jehosjóea midden in de nacht op en nam zijn moeder en trok mee met het volk van zijn vader. Bijna alle Hebreeërs trokken weg uit de onderdrukking, met hun vrouwen uit andere volkeren en met zwarte slaven en Egyptenaren die zich bij hen aansloten: zesduizend in getal.

Hoe nu kon het gebeuren, dat de beul van de onderdrukker als aanvoerder van ontsnapte slaven het Beloofde Thuisland zou veroveren? Hij was immers een zondaar! Welnu, een tot inkeer gekomen zondaar kan dichter bij de Eeuwige komen dan een geboren rechtvaardige: het is zijn berouw dat hem met kracht verheft tot de grootste hoogten. Jehosjóea deed slechte dingen toen hij nog dacht dat hij een Egyptenaar was. Dankzij zijn berouw werd hij een held van het Joodse volk. Immers, in de Joodse opvatting is een held niet hij, die zijn angst overwint, maar hij die zijn neiging tot het kwaad onderwerpt. Een geboren Rechtvaardige wordt dus nooit een held.

Daarenboven weten wij, dat Jehosjóea, evenals zijn latere leermeester Mosjé, een edele man was: hij drong niet naar de voorgrond en liet zich vanwege zijn leiderschap niet dienen. Hij diende zijn ondergeschikten en hij was niet jaloers op hun successen. Vaak wil een mens boven de anderen uitsteken. Er zijn mensen die in dat geval voor de anderen een kuil graven, maar een Joodse held neemt een ladder... Het sieraad van de mens is zijn Torá; het sieraad van de Torá is wijsheid; het sieraad van wijsheid is nederigheid; het sieraad van nederigheid is vrees; het sieraad van vrees is het houden van de Mitswòt; het sieraad van de Mitswá is de bescheidenheid waarin zij uitgevoerd wordt. Een geleerde die geboren is uit een verboden relatie verdient meer respect dan een ongeletterde hogepriester. Het gaat niet om de persoon, maar om de wijsheid waarmee hij leeft.

Het volk Israèl is de pit in de olielamp, de Torá is de olie, de Sjchiená is het Licht. Het volk Israèl is op zich niet verheven: het is het kanaal waardoor de liefde van de Schepper de schepping vult. Israèl is slechts heilig zolang en in zoverre het als kanaal functioneert.

Na de verovering van Jerichó trouwde Jehosjóea met Rachàv, de hoer, want zij was tot inkeer gekomen en had zich met heel haar hart onderworpen aan de God van Israèl.

Stil verliet ik mijn kamer en liep ik door de gang naar de kamer van Marianna. Ik liep uit gewoonte, niet uit liefde. Marianna was nog altijd ´mijn Marianna´: het meisje uit de vooroorlogse kledingwinkel waarop ik halsoverkop verliefd was geworden, mijn partner in onze 'Radiobeurs' en de moeder van mijn twee heerlijke dochters, maar ik was haar 'Jehóeda' niet meer. Ik kende haar nog en herkende haar telkens weer, maar zij was mij vreemd. Zij was de helft van mijn verleden, maar zij had geen deel aan mijn heden.

Marianna reageerde verheugd op mijn komst: zij kuste mij op een wang en kneep even in mijn arm en scharrelde heen om voor mij koffie te halen. Er was natuurlijk niet werkelijk koffie: er was een illusie die voor haar belangrijk was, die voor haar haar voortbestaan begrijpelijk hield. In feite waren wij daar in de Hemelen allen naakte zielen en alles wat daar was als in het Aardse, was troostverband. Maar ik nam haar koffie aan en ik koos een koekje uit haar trommeltje. De olieman bleek weer 'n fordje te hebben opgedaan, en daar reed 'ie mee als 'n vorst door de Jordaan: ik luisterde naar haar radio en ik knabbelde en dronk. Was dat liefde? Het was haar houvast en ik wilde het haar niet ontnemen.

"Als je terugdenkt aan Gorkum", vroeg ik haar, "wat voel je dan?" Ze trok haar wenkbrauwen op en antwoordde: "Iech wees...? Heimweh?" Ik knikte: "Zou je er eens willen gaan kijken?" Marianna bolde haar wangen op en dacht even na en blies met een plof haar wangen leeg. Ze vroeg: "Wat zou ik daar dan vinden? De oude straten met nieuwe mensen? Daar heb ik toch niets aan? Van de hele misjpóche is toch niemand over!" Weer knikte ik: "Dat begrijp ik, maar je zou alle leuke plekjes weer eens kunnen bezoeken... Door de Waterpoort naar de rivier, weet je nog hoe we daar op zomeravonden met de meidjes naartoe gingen?" Marianna schudde resoluut haar hoofd: "Natuurlijk weet ik dat nog, maar ik wil dat niet. En ik zou ook niet terugwillen naar de tijd voor de moffen kwamen, want dan zou ik weten wat er te gebeuren stond. Dan zou het tóch niet kunnen zijn als toen!" Ze scharrelde weg om nog twee kopjes koffie. "Zou je het echt niet fijn vinden als er hier een replica was van ons oude Gorkum, waarin alle mensen van toen, alle zielen die nu hier zijn, zouden rondlopen?" Terwijl ze terugkwam vulden tranen haar ogen. Terwijl zij mij mijn kopje reikte, slikte ze en zei ze: "Dan zou ik liever het Rotterdam van mijn jeugd zien, met alle mensen met wie ik opgroeide..." Dat kon ook. En dan zou ze daar zelf ook weer kind zijn. Niets liever dan haar troosten!

En zou ik dan voor mezelf ook Gorkum-binnen-de-wallen maken? Hè, nee, nu zou ik nog voor mezélf een troostverbandje aanleggen! Mijn meccanotijd was lang voorbij en ik had gewichtiger zaken te verrichten. Maar ik behoefde wel degelijk troost....

> *Mijn gebed richt ik tot U, Heer.*
> *God, antwoord mij in uw grote barmhartigheidheid met uw sterke hand.*
> *Red mij uit dit slijk, opdat ik niet verzinken zal,*
> *Laat mij gered worden uit de diepe wateren.*
> *Laat de vloed mij niet overwinnen,*
> *Laat de diepte mij niet verslinden,*
> *Laat de put zijn mond niet boven mij sluiten.*
> *God, antwoord mij in uw grote barmhartigheid.*
> *Verberg u niet voor uw dienaar,*
> *Want ik ben vol angst.*

Ontferm u over mijn ziel en bevrijd haar,
Want, Heer, ik ben ellendig en verkeer in smart.
God, bescherm mij toch!
Ik zal de naam van God verheerlijken met een lofzang,
En dat zal Hem meer behagen dan een reukoffer.
Ik zal zingen: dat Hemelen en Aarde Hem loven,
Want God zal Tsíe'on verlossen
En wie Zijn naam liefhebben, zullen daar weer wonen.

De ram regeert de knieën van de strijder,
die niet knikken zullen

Toevíe-Jah 4

Toevíe meende dat de Eeuwige zijn gebed elk moment zou kunnen verhoren, en dat hij dus zou sterven, en daarom riep hij zijn zoon Toevíe-Jah bij zich. Hij zei tegen hem: "Hoor, mijn zoon, de woorden van mijn mond, en leg hen als een fundering onder je hart. Wanneer God mijn ziel tot zich nemen zal, begraaf dan mijn lichaam. En eerbiedig je moeder alle dagen van haar leven, want hou altijd in gedachten welk gevaren zij heeft doorstaan met jou in haar buik. Wanneer ook zij de dagen van haar leven volbracht zal hebben, begraaf haar dan aan mijn zijde.

Hou je leven lang God in gedachten, en pas op dat je nooit zult toegeven aan zonde, noch ooit een gebod van de Eeuwige zult overtreden.

Geef aalmoezen naar vermogen en keer je nooit af van een arme: zo zal voorkomen worden dat de Heer zijn gelaat zal afkeren van jou. Wees genadig waar je maar kunt. Indien je veel hebt, geef dan gul; indien je weinig hebt, wees dan spaarzaam en let erop dat je met graagte geeft. Zo spaar je voor jezelf een goede beloning voor dagen van nood. Want aalmoezen verlossen van elke zonde en van dood, en dankzij hen zal je ziel niet in duisternis verzinken. Aalmoezen zijn een grote verdienste voor het aangezicht van de Eeuwige, voor ieder die hen geeft.

Behoed jezelf voor losbandigheid en overspel en verdraag het niet om tegenover je vrouw schuldig te zijn. Laat trots nooit je geest overheersen, noch je woorden. In trots begint de teloorgang van de ziel. Indien een man voor je werk verricht heeft, betaal hem dan meteen uit en laat het loon van je dienaar nooit en te nimmer bij je rusten. Doe nooit een anders iets aan dat je voor jezelf onaanvaardbaar zou vinden.

Eet je brood tesamen met de hongerigen en de behoeftigen en met je kleed bedek de naakten. Zet je brood en wijn klaar op de begrafenis van een rechtvaardige, maar eet daar niet van tesamen met een booswicht.

Zoek altijd de raad van een wijze. Prijs de Eeuwige ten allen tijde, en vraag Hem je te sturen op je weg, en mogen al je raadgevingen van Hem komen.

En verder wil ik je vertellen, dat ik tien talenten zilver heb uitgeleend toen jij nog een kind was. Aan Gavlóet in Ragès in Midján leende ik dat geld en ik heb hier een schuldbekentenis van zijn hand. Bereid je reis voor en zoek uit wat nu de beste route is, en ontvang van hem die som gelds en geef hem de schuldbekentenis terug. En laat de vrees je niet overwinnen, mijn zoon: wij leven nu weliswaar in armoede, maar het zal met ons goed komen, zolang we God blijven vrezen en ons verre houden van zonde en alleen maar goed doen."

De Kreeft

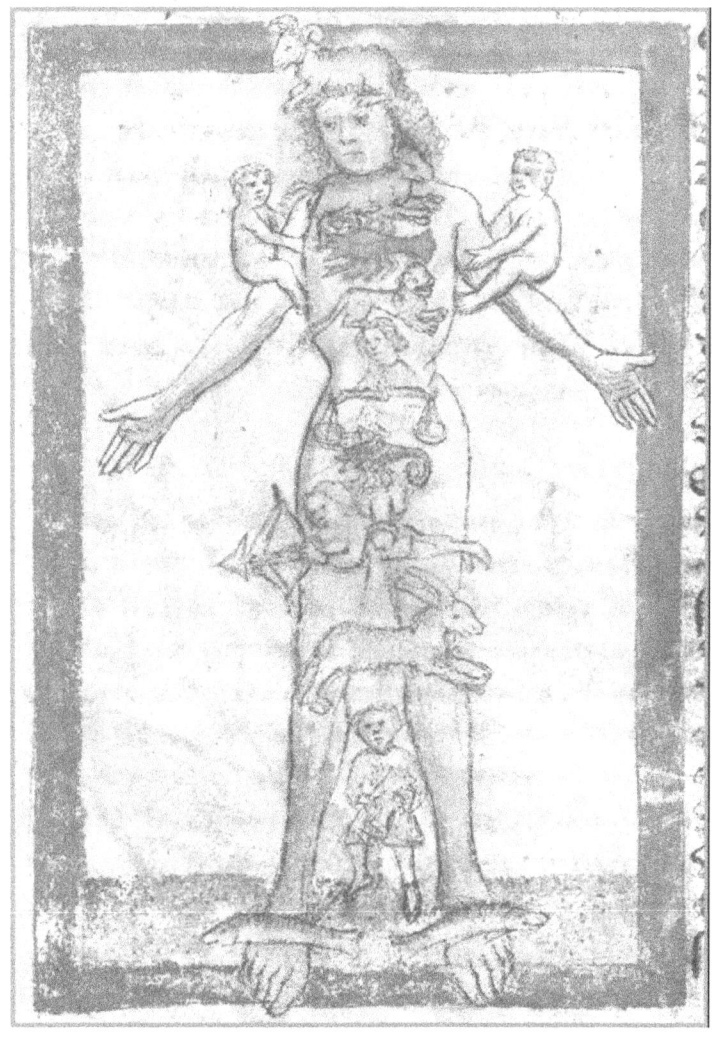

Mijn kind, je bent mijn enige vrucht
Ik niets dan een kanaal voor jouw bestaan
Je geboorte reet mij open en liet mij met een bloedend hart
Omdat ik besefte hoe spoedig je van mij weg zou gaan

Mijn jaren smelten weg
En mijn tanden vallen uit
Ik krimp
Mijn dadendrang van weleer is verstikt in behoedzaamheid
En angst

Mijn ingewanden drogen uit en mijn brein verschrompelt
Alle kracht is uit mijn ledematen gevloeid
Bindt mij vast op mijn stoel als ik dreig te vallen
Ik zal het je vergeven en ik zal het vergeten ook.
Jij bent mijn kind, de vrucht van mijn schoot:
Ik zal van je houden zolang mijn hart nog klopt

Overkomen door ontroering zat ik op een steen langs het pad. Het ouderschap is de vervulling van het leven.

"Laten wij ons een ziel vol ouderschap vinden", sprak ik tot mijn helper, "Ik wens mij een ziel die beschermt en verzorgt, een leider die zich richt op behoud van zijn manschappen en hen aanvoelt. Een ziel voor mijn bevelvoering. Zij zal mijn leger gezond houden." De steen lag in een zachtgroen dal en ik noemde die plek 'Horóet', dit is 'Ouderschap'. Ik betrad dat dal tesamen met mijn helper en hij liep voor mij uit. Hij leidde mij naar de oever van een stroom en langs een paadje dat daar liep. Wij kwamen bij een stadje met stenen burgerwoningen en met houten kotten voor het volk, met een statig raadhuis aan een marktplein en met een Grote Kerk. Een goede ziel was daar geboren, zo las Ozeer mij voor uit de Hemelse annalen, met de naam Hielá, de oudste dochter van kleine burgers. Zij werd netjes opgevoed en volgde een opleiding tot pleegzuster. Ozeer las zo intens, dat hij heel het gebeuren voor mijn ogen opnieuw deed geschieden. Als 23-jarige verloofde zij zich met een winkelier. Toen zij zesentwintig jaar was, trouwden ze en werd zij huisvrouw. Na twaalf jaar huwelijk was er nog steeds geen kind geboren en haar man scheidde daarom van haar. Hij wees haar de deur en wist zijn financiële zaken zo te verdraaien dat hij haar geen cent hoefde mee te geven. Hielá wendde zich niet tot het ziekenhuis voor werk: gescheiden vrouwen werden daar toch niet aangenomen.

Korte tijd verzorgde zij in ruil voor kost, inwoning en wat zakgeld een oude vrouw, maar toen die overleed, kwam zij op straat te staan. Op zoek naar tijdelijk onderdak geraakte ze in een goedkope wijk in een pension. Het pension werd gedreven door het oudere echtpaar Bosch, dat heel wellevend was. Hielá vond geen ander pleegwerk, maar zij vroeg werk in een kledingwinkel en mocht daar een week lang herstelwerk doen. Daarna was ze vier weken werkeloos en uiteindelijk moest zij aan de pensionhoudster bekennen dat zij haar kamer niet langer kon betalen. "Och, arme...", riep mevrouw Bosch uit en meteen begon Hielá te huilen. Moederlijk sloeg mevrouw Bosch haar armen om haar heen en trok haar tegen zich aan: "Stil maar, wijffie, ik zal je niet op straat gooien, hoor!" Blij verrast keek Hielá naar haar op: "Echt niet?" Mevrouw Bosch streelde haar haar en zei met een glimlach: "Echt niet, hoor: wij vrouwen moeten elkaar steunen, toch?" Hielá ging verder met huilen en mevrouw Bosch leidde haar naar de sofa en trok haar naast zich en weer tegen zich aan. Hielá liet zich met graagte troosten, want het was voor het eerst in jaren dat iemand zich haar lot aantrok. Het was ook al minstens een jaar geleden dat haar man haar had aangeraakt. Hij had vast gescharreld met de meidjes in de winkel! Mevrouw Bosch streelde haar rug en Hielá kalmeerde en genoot stilletjes. Toen mevrouw Bosch een hand op haar dij legde, schrok ze even, maar ze herinnerde zich meteen dingen die gebeurd waren in het zusterhuis, verboden fijne dingen in de gedeelde kamers van de leerling-pleegzusters, met twee of drie meiden warmpjes onder de lakens... Dat was zeventien en achttien jaar geleden en dat was met jonge meiden en mevrouw Bosch was oud... De hand van mevrouw Bosch trok langzaam haar lange rok omhoog en Hielá zuchtte en legde haar eigen hand op de boezem van mevrouw. "Dit is fijn, hè?", fluisterde mevrouw Bosch. Hielá hief haar gezicht en bood gewillig haar lippen en haar tong.

Die nacht sliep Hielá met mevrouw Bosch. Toen laat in de avond meneer Bosch was thuisgekomen, had mevrouw hem kort gesproken in de salon. Toen de vrouwen weer in elkaars armen waren gekropen, vroeg Hielá: "Wat heb je hem gezegd? Slaapt hij in een andere kamer vannacht?" Mevrouw kuste haar: "Ik zei hem dat ik vannacht met jou wilde zijn. Toen wilde hij gelijk meedoen, maar in onze eerste nacht wil ik je helemaal voor mezelf!" Hielá trok zich terug en ging overeind zitten: "Alleen deze nacht? Wil je hem bij ons in bed nemen dan?!" Mevrouw sloeg de deken op en zei: "Kom liggen, onnozel wicht! Dit is ook zíjn bed. En bovendien is dit ook zíjn pension: ook híj moet goedvinden dat je hier blijft en daar heeft ook híj zijn prijs voor!" Hielá liet zich weer zakken en mevrouw Bosch kroop op haar. "Dus dit is mijn betaling voor mijn kamer?", vroeg Hielá. Mevrouw Bosch legde zich languit op haar en kuste haar vol op haar mond en stak haar tong naar binnen. Daarna zei ze: "Dit is de helft van je betaling, wijffie: mijn man zal de andere helft wel met je regelen. Maar zo erg is dat niet, hoor, want ik heb hem goed afgericht: hij gedraagt zich in bed als de beste vrouw, hahaha!" Hielá grinnikte ook. "Bon...", zei ze, het moest dan maar.

De volgende morgen al meteen na het ontbijt liep meneer Bosch haar achterna de trap op. Zwijgend hield hij zijn tred in terwijl zij haar deur opende en zwijgend stapte hij over de krakende houten vloer haar kamer door naar de leunstoel. Hij zette zich en terwijl Hielá de deur sloot en er de knip op schoof, maakte hij zijn broek van voren los en spreidde hij zijn knieën. Toen pas sprak hij: "Kom!" Ze moest op hem komen zitten? Ze tilde haar rokken op, maar hij wees haar terecht: "Op je knieën, teef, en doe je hesje open." Oh, zulke taal wond haar al in het zusterhuis op! Ze deed alles wat hij verlangde, opdat hij tevreden zou zijn, maar hij raakte niet tevreden. Hij had een zaadlozing en dwong haar die door te slikken, maar voor hij de kamer verliet, zei hij over zijn schouder: "Je verhuist nu naar het oude meidenkamertje boven de kelder."

Oi, nee, dat was aan de donkere achterkant van het pand. Ze wilde heel graag in haar kamer aan de straatkant... Meneer Bosch onderbrak haar: ze moest verdomme dankbaar zijn voor zijn ruimhartigheid en bovendien had dat hokje een stenen vloer en deels stenen muren, zodat hij haar daar zonder gerucht zou kunnen bezoeken.

Toen meneer Bosch weg was, wierp Hielá zich languit achterover op haar bed. "Ik ben nu een gevallen vrouw", besefte ze. Awel, beter een gevallen vrouw in een kamertje, dan een gescheiden vrouw in de goot! En met mevrouw Bosch was de nacht heel plezant geweest en meneer Bosch was niet onaantrekkelijk, voor zijn leeftijd... En hij was schoon!

Enkele maanden had Hielá zo gratis onderdak en dagelijks drie maaltijden, maar op een dag zei meneer Bosch, dat hij haar diensten niet voldoende vond: ze moest toch maar weer huur gaan betalen. Toen hij zag hoe zij schrok en hoe ontstemd zij was, zei hij: "Met dat goed bewaarde lijf van je zul je goed de kost kunnen verdienen. Zo goed dat je zelfs weer een voorkamer zal kunnen huren en ik kan je klanten aanbrengen. Ze kunnen zelfs de deur naast de keuken gebruiken!" Hielá keek hem woedend aan en wierp hem voor de voeten: "U wilt dat ik voor geld mannen ga ontvangen? U wilt van mij een hoer maken!" Daarop barstte meneer Bosch uit in smadelijk gelach en hij riep uit: "Maar je bént toch al een hoer?"

Ze begon met gezellen en gildenmeesters, met onderofficieren en kleine neringdoenden, alle door meneer Bosch aangebracht. Ze verdiende goed, heel goed zelfs, en ze huurde een voorkamer om in te wonen en het meidenkamertje om in te werken. Ze was niet de jongste hoer, maar ze was een knappe en beschaafde vrouw en haar lijf was nooit opgezwollen geweest en aan haar borsten hadden nooit kinderen gehangen. En ook had het menselijk lichaam voor haar geen geheimen en geen verboden plekjes.

Wanneer meneer Bosch wat van haar wilde, liet ze hem het volle pond betalen, maar mevrouw Bosch mocht telkens gratis bij haar komen slapen. Ze weerstond de verleiding zich te trakteren op dure kleding en sierlijke hoeden. Ze begreep dat ze meer nog zou verdienen als meneer Bosch niet zou bemiddelen. Een half jaar later pakte ze haar kleren in haar tas en zegde de huur op. Mevrouw Bosch was ontroostbaar, meneer Bosch sloeg met alle deuren. Hielá had een piepklein woninkje met een schuur gehuurd in een straatje met kroegen, vlak achter de Grote Markt. Ze meende dat ze daar geen bemiddelaar zou behoeven. Het huisje was te klein om in te wonen en te werken, maar ze liet van haar centen de aangebouwde schuur betimmeren. Ze liet een houten vloer leggen met daarop een dik tapijt. Een kolenkachel in de hoek zou voor warmte zorgen en een fors bed voor het vermaak. En het mooiste was, dat het huisje een achterom had naar een netwerk van stegen.

Om de eerste klanten te werven, huurde Hielá een straatschoffie in, dat op de Markt en bij de kroegen zou rondhangen en schone en sobere kerels zou aanspreken. Meteen al had ze ook aanloop van oude klanten, die de eerste keer binnenkwamen door de voordeur, maar door het achterom werden buitengelaten. Een hongerig buurmeisje van twaalf jaar bood zich aan als dienstmeid en Heilà moest erg lachen: zij zou een dienstmeidje huren? Maar het kon wel handig zijn: het meidje zou in het huisje zitten en als er een klant zou komen terwijl madam bezet was, kon ze die in de woonkamer laten wachten onder het genot van een drankje!

Omdat de klanten pas 's middags en 's avonds kwamen, moest het meidje 's morgens niet werken. Toen het eens gebeurde dat Hielá haar laatste klant had afgewerkt en het kindje slapend op de bank aantrof, raakte ze zo ontroerd, dat ze het teder toedekte met haar omslagdoek en lange tijd naar haar bleef kijken. De volgende ochtend werd ze gewekt door hard gebons op de voordeur. Ze schoof haar slaapkamerraam open en riep omlaag: "Hee! Kappen daarmee!" Het was de vader van het meidje, die boos riep dat het kind te laat was voor haar andere werk. "Wat?!", riep Hielá uit, "dat kleine meisje werkt op twee plekken?!" De vader haalde zijn schouders op: "Als ze wille ete, motte ze werke…" Het meidje was ook wakker geschrokken en kwam gehaast naar buiten. De vader haalde naar haar uit en raakte haar aan de zijkant van haar hoofd. Het meidje tolde even maar herstelde zich snel en begon te rennen. "Mirre! Stop, kom terug! Je blijft hier! Jij, wacht tot ik beneden kom en waag het niet dat kind nog eens te slaan!"

Het bleek niet echt Mirre's vader te zijn: de kerel hokte met Mirre's moeder en liet de kinderen voor zich werken. Tegenover de woeste Hielá bood hij Mirre te koop aan. Voor honderd gulden! Een schandalig bedrag voor een meidje van twaalf! Hielá stuurde het kind naar binnen en zei tegen de vader: "Ik betaal je tot volgende kerstmis één gulden per week en ze woont bij mij. Voorgoed!" De vent keek haar berekenend aan, met samengeknepen ogen: "Tot vòlgende kersemis! En je bedondert me niet, hè!" Hielá wachtte af. De vent spuugde in zijn handpalm en reikte haar die aan. Ze haalde haar neus op en zei: "Ut is hier de varkensmarkt niet, zeg!" De kerel haalde zijn schouders weer eens op en veegde zijn hand af aan zijn broek. "Geef me dan nou me eerste gulde maar, dan gaan ik." Meteen naar de kroeg, dacht Hielá en ze haalde een gulden uit de kist onder haar bed en liet die vanuit haar raam in de handen van de man vallen. Hij tikte vrolijk aan zijn pet en riep alsof het hem toen ineens te binnen schoot: "Wat kost 'n wip bij jou eigelijk?" Hij probeerde haar omlaag te halen. Hielá snoof. "Meer dan een meisje van twaalf!", zei ze en ze sloeg haar raam dicht. Die zou er bij haar nooit inkomen. God, wie weet hoe vals en wreed die kerels die ze wel binnenliet, buiten waren...? Ze moest het meidje geruststellen en een bed voor haar kopen, en ze moest naar de drogist voor smeersel.

Het meisje stond aan de keukentafel en sneed groente. Ze hield haar ogen strak op haar werk gericht. "Je hebt toch gehoord wat ik met je stiefvader heb afgesproken, hè?" Het meidje knikte en sneed door. "En wat vind je er van?" Ze begon te snikken en legde haar mes neer om haar gezicht in haar handen te verbergen. Hielá trok snel een stoel naar achteren en zette zich en trok het meisje bij haar: natuurlijk was het arme ding overmand door dankbaarheid! Het meidje verzette zich en protesteerde snikkend: "U heb mij gekoch as 'n kip op de marruk..." OI! "Mirre, je hebt gelijk!", zei Hielá kordaat en dwong het kind haar aan te kijken. "Je hebt groot gelijk en het is schandalig dat het zo ver moest komen. Maar luister goed: ik heb die akelige kerel afgekocht maar jij bent niet mijn eigendom! Op de dag dat je hier weg wilt, laat ik je gaan. Wil je weg bij me?" Het meidje keek haar huilend aan en schudde haar hoofd. "Nee, natuurlijk wil je dat niet: je hebt het bij mij toch goed?" Het meidje slikte en zei moedeloos: "Ik ken toch nerges anders hene..." Hielá sloeg haar armen om de magere schouders en trok het kind op haar schoot. Het begon toen pas echt te huilen en vouwde zich helemaal op. "Oi, maske toch...", fluisterde Hielá vertederd, "zo klein al zoveel verdriet..."

Na twee jaar zegde de huiseigenaar de huur op: hij verkocht het woninkje aan de kroeg ernaast. Hielá besloot haar geld naar de bank te brengen en uit te zoeken hoeveel het zou kosten om zelf een huis te kopen. Het waren dikke pakken biljetten en hoe moest ze daarmee nu over straat? Ze stopte de hoogste coupures in haar tasje en alle andere deed ze netjes gebundeld onderin een boodschappentas. Daarna riep ze Mirre bij zich. Het meidje was veertien jaar toen en ze zag er gezond en verzorgd uit. Ze droeg niet het schortje van de dienstbode, maar een rok en een leuke bloes.

Er was een boerenleenbank gevestigd in een kantoorpand aan de Grote Markt, maar Hielá dacht dat de boeren haar geld vast niet zouden willen bewaren. Raar eigenlijk, dat ze dat dacht, want van wie kwam haar geld dan? Was het niet zo dat ze juist op marktdagen zoveel klanten trok dat ze al vroeg in de avond 't straatschoffie liet stoppen? En dan stond er altijd nog wel een boer in de steeg op zijn beurt te wachten! In een stille zijstraat tussen kleine werkplaatsen stond het pand van de Bank van Lening. Die Joden daar zouden haar geld vast wel aannemen. Aan de balie zat een stugge vrouw die haar vragend aankeek. "Ja? Waar is 't voor? Die ring? Doe 'm dan af!" Hielá dacht: zie ik er uit als iemand die haar ring komt verpanden? "Ik wil wat geld door jullie laten beheren." De vrouw schoot overeind van haar kruk en opende de doorgang in de balie: "Komt u binnen, mevrouw… u ook, jongedame." Hielá moest haar aarzelende Mirre zelf roepen te volgen. De vrouw leidde hen naar een kantoorkamer aan de zijkant van het gebouw. Voor de ramen hing dikke vitrage. Door een andere deur kwam een jonge man binnen, die vragend naar hen keek. De vrouw zei: "Deze dame wil geld inleggen" en ze haastte zich terug naar de balie. De jonge man boog licht en stelde zich voor als Maurits de Leeuwe. Hielá knikte en grapte: "Mosjé ha-levíe?" De jongeman fronste en terwijl hij plaatsnam achter zijn bureau vroeg hij: "En u bent? Gaat u zitten." Hielá trok haar wenkbrauwen op en bleef staan en weerhield ook de gehoorzame Mirre, die al door de knieën ging. Na een korte stilte kwam de jongeman blozend overeind en verontschuldigde zich onhandig. Hielá nam toen plaats en Mirre volgde stil haar voorbeeld. "Mijn naam is Hielá Estéér Verstraeten. Ik ben van hetzelfde volk als u, maar het lijkt mij dat ik beter ben opgevoed…" De jongeman haalde gejaagd adem en hij haastte zich om de deur naar de balie te sluiten. "Nogmaals mijn excuses, mevrouw Verstraeten, maar u wilt niet weten wat voor mensen hier over de vloer komen!" Hij ging weer zitten en vroeg: "U woont in een van de dorpen in de omgeving? Ik ken u namelijk niet. Wij kennen wel een gezin Verstraeten in de kille in Antwerpen

…" Hielá knikte: "De drukker. Dat is mijn oom Leo." De jongeman ontspande zich: "Uw oom is een goede klant van ons: hij heeft bij ons al veel ingelegd en hij heeft goed geboerd. Ach, u kunt hem dat zelf vragen natuurlijk!" Hielá schudde haar hoofd: "Mijn familie is met mij gebrouilleerd. Ik ben namelijk met een christenman gehuwd geweest." De jongeman deed ontzet: "U bent weduwe? Neemt u mij niet kwalijk…"

Hielá opende haar tasje en haalde haar stapel bankbiljetten tevoorschijn. "Ik wil u mijn geld laten beheren en daarnaast heb ik advies nodig voor de aankoop van een woning." De ogen van de jongeman lichtten op: "Uw geld zullen wij graag voor u beheren, mevrouw, maar wij zijn geen makelaars of notarissen." Dat begreep Hielá ook wel, maar, zo zei zij, zij hoopte van een geloofsgenoot betrouwbaar advies te zullen krijgen over hoe een aankoop geregeld moet worden.

Toen de jongeman wilde beginnen met tellen, zei Hielá: "Dit is alleen het grote geld", en ze nam van Mirre de boodschappentas en leegde die op het bureau. De jongeman floot en stond op en opende de tussendeur waardoor hij was binnengekomen. "Zeyde, kunt u even komen?", vroeg hij respectvol. Een oude gebogen man kwam de kamer binnen en knikte Hielá beleefd toe: "Louis Swalef, mevrouw." Hielá knikte even beleefd terug: "Sjólem, reb Swalef. Ik ben Hielá Estéér Verstraeten." De jonge Maurits zei: "Mevrouw Verstraeten wil een grote som gelds bij ons inleggen, zeyde. Ik heb hierbij uw hulp nodig." De oude man keek terloops naar het geld en keek toen Hielá aan: "Mag ik weten wat de oorsprong van dit geld is? Het lijkt mij inderdaad een heel groot bedrag..." Hielá aarzelde en de oude Swafel keek haar recht in de ogen: "U bent hier legaal aan gekomen?" Verontwaardigd zei Hielá: "Ja natuurlijk! Waar ziet u mij voor aan? Voor een dievegge?" Mirre schrok en trok bleek weg. De oude man wendde zich geruststellend tot haar: "Stil maar, sjeentje, ik ga je moeder geen kwaad doen, hoor." Hielá flapte uit: "Mirre is mijn..." en Mirre sloeg haar blik neer. Hielá vervolgde na een korte aarzeling: "...enig kind en zij is heel gevoelig..." Mirre's ogen bewogen zich langzaam in Hielá's richting en kropen toen omhoog langs haar zijde, tot ze haar ogen vonden. Hielá glimlachte naar haar. De jonge Maurits zei verontschuldigend: "Wij moeten weten waar geld dat wij beheren vandaan komt. Alleen dan kunnen wij het...eh... discreet beheren. Begrijpt u, mevrouw?" Hielá knikte, haalde diep adem en keek in de richting van de oude man, maar ze keek hem niet in de ogen. Langzaam zei ze: "Ik was gehuwd, maar mijn man besloot van mij te scheiden. Hij zette mij op straat zonder bezit en zonder inkomsten. Om in mijn levensonderhoud te kunnen voorzien, ben ik prostituée geworden..." De oude man wendde zich van haar af en legde zijn kleinzoon uit, dat dat een bekend verhaal was. "Weduwen, gescheiden vrouwen, ongehuwde moeders... Onze maatschappij is niet rechtvaardig. Breng het geld in het kantoor, dan zullen we het tellen. Loopt u mee, dames? En Moisje, laat je moeder even koffie brengen." Mirre grinnikte en Hielá knipoogde naar haar. Maurits bloosde weer.

"Welnu, mevrouw Verstraeten, u bent wonderwel in uw opzet geslaagd: in uw levensonderhoud kunt u uitstekend voorzien. Ik begrijp dat u zelfstandig...werkt? Er is dus niemand die uw verdiensten afroomt? Mijn kleinzoon vertelde, dat u overweegt een woning te kopen. Momenteel huurt u? En wilt u die woning ook als werkruimte gebruiken? Dan neem ik aan dat u omwille van de discretie het beste in een drukke buurt kunt kopen, waar uw bezoekers niet zullen opvallen. Of juist buiten de stad... maar nee, dan zou u alleen bezoek trekken met eigen vervoer. De hogere klasse dus, en die komt alleen als u een bijzonder exclusieve... gelegenheid zou openen. Heeft u weleens overwogen andere dames in dienst te nemen?" Hielá had dat weleens overwogen, ja, want ze wist dat er collega's waren, die uitgebuit en zelfs mishandeld werden door hun klanten én door hun pooiers, maar dan zou ze toch zélf een pooier worden?

"U zou kunnen overwegen, de dames voor eigen rekening te laten werken, waarbij u kamerhuur ontvangt én een provisie over elke klant. Of over het tarief voor de specifieke behandeling die de klant wenst. Wat ik dus feitelijk aan u vraag, is of u bordeelhoudster zou willen worden." Zo, dat was nogal wat! Hielá vertelde hoe ze niet naar de boerenleenbank was gegaan omdat men daar uit gespeeld fatsoen haar geld niet zou willen, zodat het contrast met meneer's vragen nu wel ineens heel groot was. Maar dan zou ze toch zélf pooier worden?

"U zou meer een zakenpartner van uw dames worden. Zonder hen uit te buiten, zonder hen te mishandelen. U zou enkele stevige ordebewaarders nodig hebben, maar die kunnen wij voor u recruteren uit de soldaten die hier afzwaaien. En daarenboven zouden wij u kunnen helpen bij de financiering. Er staat niet ver buiten de stad een failliet hotel te koop, een oud klooster. Het hotel is nog maar net failliet en de hele inboedel is dus nog aanwezig. Hielá schoot in de lach: "Ik zie nu een hotel met luxueuze peeskamers voor me! Hahaha!" Meneer Swafels glimlachte: "Dat is precies wat ik voor ogen heb. Ik zal open kaart met u spelen: voor een hotel ligt het buiten de routes tussen de grote steden, en er komt dus alleen regionaal verkeer door..." Hielá knikte instemmend: "...maar voor een luxe bordeel..." De jongeman vulde aan: "De prostitutie tiert welig in deze stad en alle rangen en standen gaan zich er aan te buiten, maar doordat het allemaal ondergronds en ongeorganiseerd gebeurt, is het verbonden met criminaliteit. De wat beter gesitueerde burgers durven vaak de dames niet te bezoeken uit angst voor berovingen, en de dames moeten het dan ook veelal doen met bezoekers van het allerlaagste alloi, met alle uitwassen tot gevolg." Zijn grootvader zei: "We kunnen het bij de stadsbestuurders presenteren als een sanering van de prostitutie. U kunt uw collega's betere werkomstandigheden bieden, en hogere verdiensten, u haalt de prostitutie uit de stad, en wij...ach, ik wil er geen doekjes om winden... wij nemen een aandeel in uw zaak en verdienen leuk met iedereen mee." Hielá kon de zakelijkheid van die conversatie niet goed bevatten: "Meneer Swafels en meneer de Leeuwe, u bent respectabele zakenlieden en u praat hier over een deelname in een bordeel?! En heeft u als jidden geen morele bedenkingen?!" De oude heer leunde achterover en sprak: "Onze stamvader Jehoedá ging in tot een hoer langs de kant van de weg. Dat staat in onze heilige Torá en dat wordt daar beschreven als een deel van de dagelijkse routine. Het wordt er niet eens veroordeeld. Moeten wij dan de moderne mores de overhand laten krijgen en prostitutie afwijzen? Mannen zijn jagers en voortplanters en dus is prostitutie noodzakelijk. Zonder hoeren zouden er veel meer verkrachters zijn en vast ook veel meer gevallen van incest." Hielá staarde de grijsaard even aan en toen zei ze: "Met alle respect, meneer, hebt u weleens van een prostituée gebruik gemaakt?" Maurits scheen te zullen stikken na het horen van die vraag, maar zijn grootvader schoot in de lach: "Je bent een vrouw naar mijn hart, Hielá Estéér, en mijn antwoord, in het bijzijn van mijn kleinzoon en van je bevallige dochter, die ongetwijfeld je beroep kent, is een volmondig 'ja'. Voor mijn huwelijk en later nog vaak als weduwnaar huurde ik regelmatig de diensten van een vrouw voor mijn genot. Het is namelijk mijn vaste overtuiging dat abstinentie tegennatuurlijk en ongezond is." Maurits jammerde: "Zeyde....!"

Hielá ontving een getekend en bezegeld bewijs van haar deposito en verliet met Mirre het kantoor. Op straat viel Mirre haar om de hals en kuste haar op beide wangen. Verrast hield Hielá haar tegen zich aan: "Wat bezielt jou zo inenen?!" Het was omdat Hielá haar had voorgesteld als haar dochter. "Maar malle meid, ik hou toch van je als van de dochters die ik nooit baarde? Mallert toch…" Mirre drukte een vluchtige kus op haar lippen en zei: "En ik hou van u! MOEDER! Hahaha!"

Enkele dagen later diende Maurits de Leeuwe zich aan bij de voordeur: "Goedemiddag, juffrouw, ik wil graag uw moeder zakelijk spreken." Met een ondeugende grijns antwoordde Mirre: "Het woord 'zakelijk' kan hier meerdere betekenissen hebben, mijnheer… Wat precies is uw verlangen?" De arme Maurits bloosde vreselijk en toonde onhandig zijn aktentas: "Ik ben hier namens de firma!" Met een beleefde neiging liet Mirre hem in de kleine salon.

Hielá besloot het hotel 'De Sterretjes' te noemen, omdat de mannen bij haar meisjes sterretjes zouden zien. Zij woonde in het hotel, direct naast de ingang en zij woonde er met Mirre. Zelf werkte ze niet meer in het vak: ze leidde het bedrijf van twaalf uur 's middags tot twaalf uur 's nachts. Van de mannen wilde ze alleen nog maar hun geld en van de mannen wilde ook Mirre niets weten. Wie zich bij haar meisjes misdroeg, werd bij de achterdeur door de bewakers afgeranseld. In de stad kreeg het bordeel de bijnamen 'De Sociëteit' en 'De Gulden Doos', want alle hoge heren brachten er bezoeken. Er werd gefluisterd dat de leden van de Rotary er orgieën hielden. Studenten daagden elkaar uit om eens sterretjes te gaan kijken en wie van hen de daad volbracht had, kreeg de eretitel 'Sterrekijker'. De bakker liet er dagelijks de helft van zijn gebak bezorgen en ook de drogist deed er goede zaken.

Sommige van de vrouwen werden vermogend en kochten goede huizen voor hun families. Sommige meisjes trouwden jonge officieren en studenten en van heinde en verre kwamen nieuwe meisjes en vrouwen.

Hielá zelf hield het uitsluitend bij haar hotel, dat zij voortdurend liet verfraaien. Weelderige siertuinen omringden het en de oprijlaan stond voortdurend vol rijtuigen. Mirre had Maurits afgewezen en bereikte de middelbare leeftijd en Hielá werd oud en zij bleven elkaar trouw. De omvang van hun rijkdom was onbekend maar legendarisch.

Toen Hielá haar dagen zat was, riep zij haar notaris bij zich. In de morgen betaalde ze voor de bouw van het nieuwe ziekenhuis, in de middag droeg ze het eigendom van het bordeel over aan haar geliefde Mirre en in de avond stierf zij. De volgende dag al werd zij in bescheidenheid begraven op de algemene begraafplaats. Een uur later maakte de notaris haar testament bekend. Omdat er in de stad geen Joden met hun eigen instituten waren, schonk ze de helft van haar vermogen aan de nonnen die het ziekenhuis bestierden, en de andere helft aan de stad. Er werd een nieuwe haven gegraven en een tweede brug gebouwd en buiten de stadswallen kwam een nieuwe woonwijk met sportvelden in het H.E.Verstraeten-park. De dankbare sporters doopten hun vierkante houten clubhuis 'de HieDo', dit wil zeggen: 'Hiela's Doos'…

Grinnikend had ik toegekeken. Engelen hebben geen gevoel voor humor en Ozeer had dan ook op droge toon verteld. Zelf was ik gelukkig nog heel sterk mens. Zou dat bij mij ook verdwijnen? Zou ik ook verdrogen?
"Waarom is deze Hielá nu geschikt?", vroeg ik, "Ze heeft beschermd en leiding gegeven, maar dit alles op een wel heel Aards niveau. Zij was bepaald geen Moeder Teresa? Wat maakt haar geschikt voor een Hemelse taak? Waarom juist zij?" Ozeer keek mij aan met een verongelijkte trek op zijn gelaat: "U verlangde een Joodse ziel die aan zekere eisen zou voldoen. Deze ziel doet dat. Misschien is het toch verstandiger engelen te mobiliseren? Zoals in de Hemelen gebruikelijk is…?" Ik richtte me op en ademde diep in om rustig te blijven. "Ik heb deze weg gekozen en ga daar niet aan tornen! Je bent mijn helper en niet mijn raadgever! Besef je dat?" Ozeer trok snel zijn gezicht weer in plooi en gehaast zei hij: "Zeker Heer! Ik ben uw dienaar!" Mijn geduld was al op en ik wuifde zijn woorden weg: "Terzake: een hoerenmadam als leider van de zorg in het Hemelse Leger… Wat had zij goed te maken in… dat was haar laatste leven? Wat had zij allemaal goed te maken?" Gedienstig knikte Ozeer: "Dat zal ik voor u nalezen, Heer!", maar ik schudde mijn hoofd: "Nee, laat maar. Als deze ziel naar voren is gekomen, is daar ongetwijfeld een reden voor. De Almachtige vergist zich niet… Breng deze ziel voor mij, opdat ik haar zal kennen."

Mijn dochters zouden geen hoeren zijn geworden. De vader van Heintje en Betje ben ik nog immer, en dat zal ik blijven tot in de eeuwigheid. Mijn dochters zijn heilig voor mij, onaantastbaar, en ik zal hen bewaren. Zij werden van de Aarde verdreven op 18 Ellóel 5702 – 31 augustus 1942 en ik werd pas onlangs toegelaten tot de Hemelen. Alle jaren en alle dagen heb ik om hen getreurd en al die dagen hebben zij trouw op mij gewacht en ook hun moeder liefgehad. Eerbiedig je kinderen en zij zullen hun ouders eerbiedigen.

Dat en meer nog stond geschreven in de Annalen over het leven van Hielá. Toen zij voor mij gevoerd werd, vroeg ik, wat zij zelf wist van haar levens. Zij antwoordde in eerlijkheid: "Ik was een arme wees in Okopy. Dat was in het begin van de 18^e eeuw. Een goede leerling was ik niet: onder schooltijd was ik meer in de velden dan in de banken. De natuur verbaasde en verrukte mij keer op keer. Jidden uit de dorpen werden door de rabbijnen en door de jidden in de steden min geacht, want al onze energie hadden wij nodig om te overleven en dus kwamen wij aan de studie nauwelijks toe. Op sjabbatót trok ik de bossen in. Ik verlangde naar de Kodesjbórchoe maar in onze sjoel vond ik Hem maar niet. Ik probeerde gehoorzaam te lernen, maar al de eindeloze prietpraat in de Talmóed kon mij niet boeien. Een tijdje begeleidde ik een groepje kinderen. Dat was heel fijn: ik vertelde hen verhalen..."

"Je was getrouwd. Hoe onderhield je je gezin?"

"Ik trouwde op mijn achttiende toen ik sjammái was in onze sjoel, maar mijn bruid overleed al snel. Daarna ging ik naar de stad Brody. Daar trouwde ik met Channi. Zij was heel lief... en intelligent. Ze was van goede huize en het is een wonder dat ze met mij trouwde: ik was een straatarme boerenpummel. Haar vader had ons huwelijk geregeld, omdat ik in de stad Brody succesvol bemiddelde tussen allerlei strijdende partijen in ons volk. Haar vader overleed voor ons huwelijk en Channi kreeg van haar broer als bruidschat slechts een paard mee. Ik werd grondwerker in een dorpje niet zo ver van de stad: ik vulde een wagen met klei of kalk en Channi reed die wagen dan naar de boeren. Het werk was zwaar en onze verdiensten waren niet zo groot, maar wij hadden het goed samen en we woonden midden in de bossen, tussen heuvels en bergen, beken en meren... Oi... Ik was tweeëntwintig jaar oud toen onze zoon Oedl geboren werd. Channi was zeventien. En ik was zevenendertig toen Tsvi Hersj kwam. Dit zijn heel gelukkige herinneringen."

"Je werd de Meester van de Naam genoemd. De góede Meester van de Naam"

"Ja. Nee, ik werd 'Meester van de goede Naam' genoemd. Ik weet niet wat er na mijn dood allemaal verteld is over mij. Veel zal aangedikt zijn, een deel vast wel erbij verzonnen... Wonderen heb ik in ieder geval nooit verricht. Wonderen bestaan immers niet? Toen ik in de bossen werkte, leerde ik van de christenboeren veel over geneeskundige kruiden. Na een paar jaar werd ik slager in een ander dorp, maar dat vond mijn zwager maar niks en hij kocht een herberg voor me. Maar dat vond ik maar niks... Ik maakte geneesmiddelen en ik schreef amuletten. En wanneer jidden mijn raad vroegen, gaf ik die in alle oprechtheid. Ook troostte ik de jidden die vonden dat ze tekortschoten omdat ze te weinig bezig waren met de hogere zaken, zoals Torá- en talmóedstudie. Een Jood moet goed doen en onze Koning danken voor al het goede dat Hij heeft geschapen. Blij zijn en blij maken met de helft van het glas dat wel vol is! Ook meende ik, dat heel de schepping in feite God was: al het tastbare én al het ontastbare. Dat daarom een jid elk voorwerp, elke daad en elke gedachte als heilig moet beschouwen, en heilig moet maken. Elk woord dat een mens uitspreekt, of zelfs maar denkt, is een woord dat God heeft geschapen en bezield! Elk gebaar verandert de schepping, en wij moeten zorgen dat wij bijdragen en niets afdoen. Ik werd een Meester van de Naam genoemd, omdat men aannam dat een Joodse genezer zijn krachten ontleende aan kennis van de geheime Naam van de Eeuwige. Ik weet nu dat het flauw bijgeloof was, maar toen geloofde ik het zelf eigenlijk ook bijna.

Al gauw werd ik bekend en werd ik gevraagd in andere dorpen te komen met mijn amuletten en mijn adviezen. Aanvankelijk kwamen de gewone jidden maar langzamerhand zagen ook de ontwikkelden, de intellectuelen, wel wat in mijn meningen. Ik vestigde me met mijn gezin in de grote sjtetl Médzibiesj, en ik vormde mijn eigen gemeente met mijn chassiedíem – mijn trouwe volgelingen. De meeste Talmóedgeleerden keken neer op mijn leerstellingen: die waren hen te eenvoudig en te gewoontjes. En misschien hadden ze wel gelijk, maar toen, aan mijn mensen, gaf ik hun eigenwaarde terug. Elke jid kon een grote jid zijn, want elke jid had gezond verstand en een geweten, en daarmee kon hij uit de Toire alles halen wat hij nodig had om zijn ziel, zijn nesjómme, zuiver te houden. Grootsheid ligt immers niet in kennis, niet in geheugen, maar in persoonlijkheid, in de ziel? De Talmoedisten zagen mij als iemand die hun systeem onderuit haalde, maar sommige zagen wel in, dat de boven-al-stelling van studie en kennis veel goeie en lieve jidden buitenspel zette. Er zijn immers mensen die niet kunnen leren, maar wel kunnen liefhebben? Mensen die goed zijn voor anderen en oprecht hun best doen de mitswes te houden in hun moeilijke omstandigheden? Zouden die God minder lief zijn, dan de bevoorrechten, die makkelijk leren en die door gegoede burgers worden onderhouden? Gelukkig voegde rabbi Dov Ber van Mezzeríetsj, zichronó li-vrachá, die grote autoriteit had als Talmóedgeleerde, zich bij mij. Hij steunde mijn ideeën, en andere gerespecteerde Talmoedisten volgden. Dov Ber werd mijn opvolger: de nieuwe leider van mijn chassiedíem, en ook mijn kleinzoon Náchman, zichronó li-vrachá, verzamelde honderden jidden. Zij herhaalden mijn stelling, dat ook een jid die onze wetten overtreedt, nog altijd een jid is: nog altijd een jehóede die zich mag verheugen in de aandacht en zorg van de Eeuwige. Immers, de hele schepping is God, dus ook de mens is God. God is goed, dus de schepping is goed en dus is ook de mens goed. Zonde is geen boosheid, maar onnadenkendheid en verlies van spiritueel evenwicht. Jidden die onze wetten overtreden, moeten niet gestraft of uitgesloten worden, maar juist omarmd en vergeven en onderwezen. De zonde is geen achter je rug gesloten deur, maar een kruispunt van vele gangen. Jidden moeten elkaar omarmen en de zondaren op het kruispunt helpen de juiste gang te kiezen! En verder leerde ik mijn volgelingen de misvattingen van de kabbalá af: de Almachtige heeft deze wereld geschapen en houdt hem in stand, zou dan het leven hier van geen betekenis zijn? Zou alles draaien om de Komende Wereld?! Gekheid! Onnozelheid! Onze Schepper heeft ons **hier** geschapen opdat wij **hier** zullen leven, en hij heeft schoonheid en geuren en smaken geschapen, opdat wij hen zullen genieten. Een jid die afziet van aardse geneugten, wijst de schepping af! Keurt het werk van onze Koning niet de moeite waard! De mens moet zich verheugen in de schepping!" De ziel had met zoveel bevlogenheid gesproken dat ik glimlachte en zei: "Je hoeft mij niet te overreden, vriendin: de Hemelen staan aan de kant van de Bá'al Sjeem Tov!" Ze glimlachte ook en hield haar hoofd verontschuldigend scheef. "Maar er is in het leven nog zoveel missplaatste schuld! Alleen al de Joden die zich niet letterlijk aan alle rabbijnse spijswetten houden! Hen wordt aangepraat en ingeprent dat zij weerzinwekkende zondaren zijn in de ogen van onze Vader... En daar gaat het toch helemaal niet over?"

"Het kasjróet is wel belangrijk, maar dan op voorwaarde dat men die regels navolgt om zich te verheffen, dus elke keer weer met vol bewustzijn, dat men het voedsel heiligt, door het indirect te wijden aan de dienst aan God. Dan dragen de regels bij aan een intensere en meer spirituele beleving van de Joodse identiteit. Maar indien men koosjer eet omdat men zich daartoe gedwongen voelt, of indien men het zonder nadenken doet, dan heeft het geen waarde. Het is een toevoeging van de mens aan de Leer van God en het kan een verrijking zijn, maar evenzeer kan het een belasting zijn. Het is aan elke mens voor zichzelf te beslissen of hij die regels ook zal navolgen, of niet. Het heeft geen consequenties voor de verhouding God-mens: kasjróet is gereedschap voor de mens, niet voor de Eeuwige.

De Schepper heeft de mens bevolen zich te onthouden van bepaalde diersoorten en van bloed. Dit is om de mens te leren zich te beheersen. Het is immers bekend, dat het niet de bedoeling was, dat de mens zou doden om te eten? Hij mag vlees eten, omdat God inzag dat zijn voorouders te zwak waren om zich te onthouden. Daarom gaf hij slechts gedeeltelijk toestemming: opdat wij sterker zouden worden, opdat wij zouden leren ons te beheersen. Het is de hoop van de Schepper, dat uiteindelijk de mens alsnog sterk genoeg zal zijn om weer vegetariër te worden. Dan zal hij weer in harmonie met de schepping kunnen leven."

De ziel zei verlangend: "Ik voel me in de Hemelen altijd zo heerlijk thuis...

Looft de Eeuwige, want Hij is goed,
want Zijn goedheid is tot in eeuwigheid!
Laat alle verlosten zo spreken,
Alle die Hij uit hun landen heeft verzameld:
uit het oosten en het westen,
uit het noorden en uit de zee.

Ik dwaalde in de woestijn, over verlaten wegen,
een stad met herberg vond ik niet.
Hongerig was ik, en dorstig,
mijn ziel versmachtte in mij.
Ik riep de Eeuwige aan in mijn lijden
en Hij redde mij uit mijn verdrukking.
Hij leidde mij over een effen weg

naar een stad ter inwoning.
Looft de Eeuwige, want Hij is goed,
want Zijn goedheid is tot in eeuwigheid!
Hij doet wonderen aan de kinderen der mensen,
Hij laaft de dorstende ziel
en bevredigt de hongerende ziel met het goede.
Ik zat in donkerte en duisternis,
geketend in ellende.
Hij verloste mij uit mijn angsten:
Hij verbrak mijn ketenen.
Looft de Eeuwige, want Hij is goed,
want Zijn goedheid is tot in eeuwigheid!
Hij heeft koperen deuren verbroken
en ijzeren grendels verbrijzeld.

Ik was een dwaas, die wegens zijn zondige wandel
en wegens zijn ongerechtigheden gepijnigd werd.
Mijn ziel at niet van de spijze Gods
en zij was de poorten van de eeuwige dood nabij.
Toen zond Hij Zijn woord en Hij genas mij.
Looft de Eeuwige, want Hij is goed,
want Zijn goedheid is tot in eeuwigheid!
Lofoffers wil ik brengen
en Zijn wonderen met jubel vertellen.

Ik bevoer de zeeën en Hij sprak en deed een stormwind opsteken,
die de golven woest opjoeg.
Ik rees ten hemel en zonk neer in de waterdiepten,
mijn ziel verliet mij bijkans.
Ik tuimelde en wankelde als een beschonkene
En mijn verstand werd verslonden.
Toen ik de Eeuwige aanriep,
kalmeerde Hij de storm tot een zacht suizen,
zodat de golven stil werden.
Looft de Eeuwige, want Hij is goed,
want Zijn goedheid is tot in eeuwigheid!
Verhoog Hem in de familie der volkeren.
Hij verandert stromen in een woestijn
en waterbronnen in dorstig land.
Hij maakt vruchtbaar land tot zoute grond
Vanwege de slechtheid van wie daar wonen.

*Hij maakt de woestijn tot een waterpoel
en dorstige grond verzadigt Hij.
Hongerigen doet Hij daar wonen
en zij bezaaien er akkers en planten er wijngaarden.
Hij zegent hen, zodat hun kinderen gezond zullen opgroeien.
Hij beschermt de arme tegen verdrukking
en maakt geslachten talrijk als een kudde.
De oprechten zien het en verheugen zich,
de onrechtvaardigen houden hun mond.
Looft de Eeuwige, want Hij is goed,
want Zijn goedheid is tot in eeuwigheid!*

*De wijze houdt deze dingen voor ogen
en slaat acht op de gunstbewijzen van de Eeuwige,
de Almachtige, de Koning van Israël.*

De kreeft regeert de borstkas van de strijder,
En waakt, dat deze niet beklemd zal raken

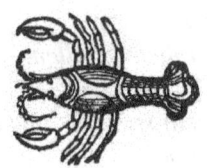

Wie ik ben

De Eeuwige nam mij weg van mijn volk toen ik nog Chanóch heette, dit is 'Henoch', maar Chanóch is niet meer: ik ben nu Metatrón, en de Leeuw met God.

Ik was de zoon van Jérred, die de zoon van Mahalál'eel was, die de zoon van Keenán was, die de zoon was van Eenósj, die begon de Eeuwige aan te roepen: de zoon van Sjeet, die de derde zoon was van Adám, en ook diens evenbeeld.

Ik wandelde met God zonder één zwak moment en Hij liet mij niet sterven, maar na 365 jaren nam Hij mij op en haalde mij tot Zich. De Opzichter van de wereld ben ik, de Pleitbezorger van de mensheid, en de Getuige van alle gedachten, woorden en daden. De lagere troon is mijn zetel, naast de verheven troon van de Heer der Hemelen, de Schepper, de Almachtige, de Alwetende, de Alziende, de Altijdaanwezige. De zielen van Israël liggen aan Zijn voeten en de Prinsen van de Hemelen bewaken Zijn troon staand rondom, maar alleen ik verdraag Zijn aangezicht.

Zijn Naam is in mij besloten en zo ook Zijn kracht.

En hoe ik ook verschijn, ik ben die ik altijd zal zijn.

Toevíe-Jah   5

Bij het zien naderen van zijn dood sprak Toevíe vermanend tot zijn zoon en deze antwoordde: "Natuurlijk zal ik alles doen wat u mij aanraadde en alles wat u mij opdroeg, maar hoe ik dat geld vrij zal krijgen, weet ik niet. De schuldenaar kent mij niet, en ik ken hem niet: hoe zal ik bewijzen wie ik ben? En ook ken ik de weg niet!"

Zijn vader antwoordde Toevíe-Jah, zeggende: "Toon hem deze schuldbekentenis en hij zal je zeker uitbetalen. Ga nu en zoek een betrouwbare man, die je huurt om je te vergezellen. Ga nu, opdat je het geld zult ontvangen nu ik nog leef!"

En Toevíe-Jah ging uit en op het plein zag hij een gezonde sterke jongeman, met zijn gordel om en leunend op zijn stok, als gereed om op reis te gaan. Hij wist niet wie het was en hij groette de jongeman, en vroeg hem: "Vanwaar ben jij, goede kerel?"

Het was Ozeer die kort antwoordde: "Uit de kinderen Israèl's". En Toevíe-Jah vroeg hem, of hij de weg naar het land Midján kende.

En Ozeer antwoordde bevestigend: "Zeker, ik heb alle wegen in dat land bewandeld, en ik heb gewoond bij mijn broer Gavlóet, die huis houdt in Ragès, een stad in het gebergte van Batja'anà."

Opgewonden bezwoer Toevíe-Jah Ozeer dat hij op het plein zou wachten, terwijl hij zijn vader dat alles zou vertellen.

Toevíe-Jah haastte zich naar binnen en vertelde het zijn vader, waarop zijn vader vol verwondering verlangde dat de reiziger bij hem zou komen.

Ozeer betrad het huis en groette de oude man en zei: "Moge u altijd vreugde kennen!" Bitter reageerde Toevíe met de woorden: "Hoe zal ik vreugde kennen terwijl ik in duisternis zit en de hemellichten niet kan zien?"

Ozeer verzekerde hem: "Houd goede moed, want uw heling door God is nabij." Toevíe vroeg: "Kun je mijn zoon naar Gavlóet in Midján brengen? Bij je terugkomst zal ik je je loon betalen."

De engel zei: "Ik zal hem heenleiden en hem weer naar u terugbrengen."

Daarop vroeg Toevíe: "Ik bid u, vertel mij van welke familie je bent, of van welke stam." De engel Ozeer antwoordde met een tegenvraag: "Wilt u dat de familie van uw dienaar met uw zoon meegaat, of uw dienaar zelf? Maar als het u geruststelt: ik ben Azár-Jah de zoon van Anán-Jah."

"Voorwaar!", riep Toevíe uit, "je bent van goeden huize! Maar ik bid je, wees niet boos omdat ik je familie wilde kennen."

De engel zei nogmaals tot hem: "Ik zal uw zoon veilig heenleiden en hem veilig naar u terugbrengen." Toevíe antwoordde met een zegening:

"Moge je een goede reis hebben, Azár-Jah, en moge de Eeuwige je bijstaan en moge zijn engel je begeleiden!"

Spoedig was hun proviand gereed en Toevíe-Jah nam liefdevol afscheid van zijn vader en zijn moeder, en Ozeer en hij gingen op weg.

Toen zij uit het zicht waren, begon zijn moeder te wenen, en ze klaagde zijn vader aan: "Je hebt de steun voor onze oude dag heengestuurd. Ik wilde dat dat geld waarvoor je hem heenstuurt, nooit had bestaan! Armoede zou voor ons volstaan en ik zou het als rijkdom beschouwen zolang ik mijn zoon maar mocht zien!"

En Toevíe zei tot haar: "Ween niet, vrouw, want onze zoon zal veilig aankomen en veilig terugkeren en je ogen zullen hem zien. Ik ben er van overtuigd dat de goede engel God's hem vergezelt en er voor zal zorgen dat alles met hem goed komt, zodat hij tot onze vreugde naar ons zal terugkeren." Deze woorden troostten de vrouw: zij stopte met wenen en kalmeerde.

De Stier

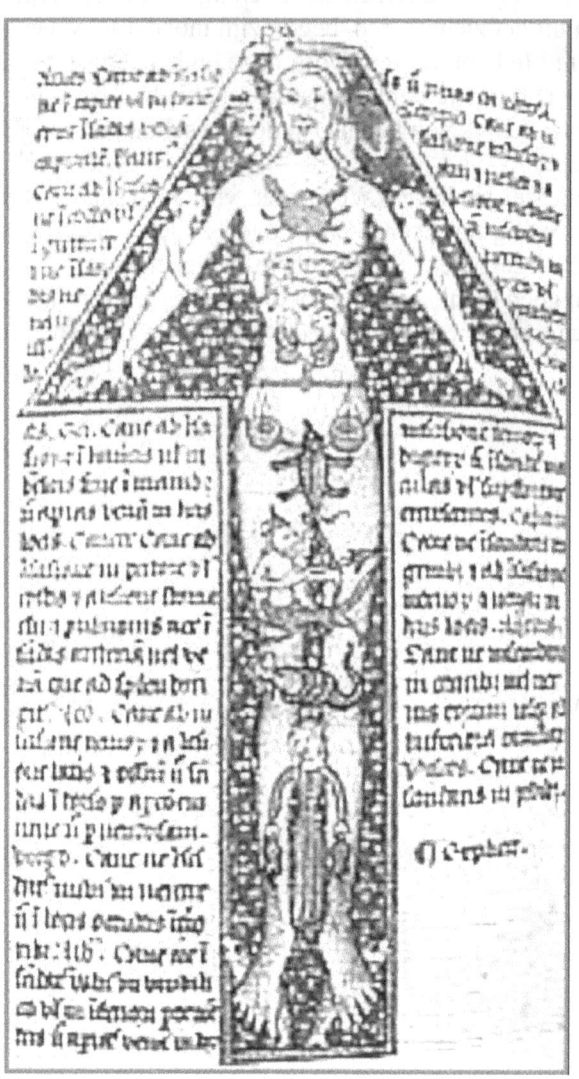

Dolle vreugde verleidt mij tot de afgrond
Mijn kracht schijnt onbegrensd
Niets is mij teveel voor mijn goden

Begraaf mij niet in een kleed maar in een kist
Niet in een houten maar in een loden
Opdat mijn skelet bijeengehouden zal worden tot het uur der opstanding

Mijn botten zullen rollen door de onderaardse krochten,
Door de ingewanden van de Aarde
En zij zullen samengeraapt worden bij het graf van koning David
en verbonden en bekleed met vlees en huid.

Ik zal bij de poort van de Stad staan
Om de Masjie'ach toe te juichen
Zodra hij aangereden komt

Diep in een oerwoud voerde mijn helper mij. Het was er benauwd, donker en beklemmend. Zouden wij juist daar de ziel vinden die wij zochten? Een ziel die in al haar levens zuiver van hart is geweest, wellicht een kluizenaar eenzaam in het woud? Ik had Ozeer gezegd: "Geen vernieuwer maar een bewaarder. Een pragmaticus die doet wat gedaan moet worden. Zij zal de informatie van de verspieders rangschikken".

Het woud was vol obstakels en vol geritsel, gefladder en gekrijs. Mijn helper deed manhaftig zijn best mij een pad te banen. Prikkende stengels boog hij weg en laaghangende takken hield hij op. Wellicht moest ik mij laten vergezellen door meerdere dienaren? Het stonk er misselijkmakend en wij stuitten op de bron van de stank: het rottende lijk van een mens lag op een open plek. Platgelopen sporen door het onkruid liepen met bogen om het lijk. Waarom was de dode niet begraven?! Was hij hier alleen gekomen en toen gestorven? Maar de voetpaadjes langs hem heen dan?! Die waren niet van dieren, want dieren zouden zich aan hem te goed gedaan hebben. Er moesten mensen zijn geweest, die de dode zagen en hem respectloos ontweken. Mijn engel knielde zonder woorden naast het lijk en begon het onkruid daar uit te trekken. Hij wilde een kuil gaan graven en dat was een mooie gedachte, maar ik zou de vieszoete lucht niet lang verdragen. Ik wilde de Aarde open, maar het gebeurde niet. 'Begraven zul je je doden', maar de Opstanding was afgelast. Ik droeg de engel op hout te sprokkelen en daar het lijk onder te bedelven. "Sla dan vuur en laat ons verdergaan".

Leonard haastte zich de trappen af. Zijn werkdag in het stadskantoor was goddank weer voorbij én het was vrijdag! In de auto, nog snel wat boodschappen doen, broodje eten en effe de krant doorbladeren. Daarna de vijfenveertig kilometer noordwaarts naar Delft. Op tijd van huis om ondanks de vaste Hollandse files tegen zeven uur in sjoel te zijn. Vijfenveertig kilometer was weer zeven euro benzine en dan weer 6 euro parkeergeld. Als hij zijn baan zou verliezen zou hij al gauw niet meer naar sjoel kunnen... En de APK kwam er ook weer aan... Life in the jungle.

Het was al na vijven toen hij voor zijn deur parkeerde. Vanuit zijn ooghoeken zag hij zijn oude buurvrouw in haar voortuin. Zou hij verderop parkeren en dan achterom naar huis gaan? Buurkwebbel zou hem nu echt teveel ophouden. Hij stapte uit en zag dat de vrouw al naar hem stond te kijken. Hij trok een zorgelijk en bezig gezicht en trok zijn boodschappentas naar buiten alsof die vijfentwintig kilo woog. Het mocht niet baten: buurvrouw stapte tot aan het hek naast zijn voordeur en haalde eens diep adem: "Weer een week voorbij, hè, buurman?" Wat een grenzeloos zinloze opmerking! "Ja, gelukkig wel, hè?", gaf hij terug en hij kwam aan bij de deur en glimlachte gehaast en zocht met zijn vrije hand de voordeursleutel. "Heb u al gehoord dat die mevrouw aan de overkant gaat scheiden? En 't is toch een knappe vrouw, niet?" O, die Surinaamse? "Nee, ze komt uit de Kongo. Ze is een Belgische maar het is een leuke vrouw, hè?" Hahaha, ja, voor een Belgische is het een leuke vrouw! Mijn tas is erg zwaar. "Zet 'm dan ook effe neer, buurman! Zo kun je toch niet effe gezellig kletsen? Je staat helemaal scheef!" Jamaar, de stoep is nat en dan wordt binnen ook alles nat. "Zet 'm dan maar even in de gang. Ik wacht wel, hoor." Daar was ik al bang voor, buurvrouw, ik moet zometeen weer weg. "Nou goed dan, maar luister es: de buurvrouw moet van d'r man 't huis uit en 't is best een knappe vrouw... Zou 't nou niks voor u zijn?" Nee zeg, echt niet! "Om 't kleurtje niet? 't Is 'n schat, hoor, en ze heb werk, hoor!" Nee, buurvrouw, ik heb het gewoon niet zo op vrouwen... "Nou, jongen! Slechte ervaringen gehad met vrouwen?" Nee, juist niet, hahaha! "Huh?!" Ik heb het meer op mannen en ik moet nu echt naar binnen. Prettig weekend!

Pfff... Hij had eerder uit de kast moeten komen. Maar het was veilig geweest in de kast... Als hij een vaste partner had gehad, had de buurvrouw het misschien zelf al begrepen. Misschien, want sommige mensen willen het ook dan nog steeds niet zien. De man van die negerin was zelf ook niet mis, trouwens, maar dat was weer zo'n hetero. Hetero's, flikker op! Hihihi! Hetero's: je mot 'r van houwe... Vooruit: eten en drinken en naar de auto.

Aan de tafel met een boterhambordje en twee koppen koffie (zwart), dwaalde zijn blik door zijn woonkamer. Doorzon, beetje kaal, beetje gedateerd, beetje versleten, beetje grijs: 'je kamer moet je persoonlijkheid weerspiegelen'! Je kunt er om lachen en je kunt er om grienen. Als hij de komende ontslagronde overleeft, koopt hij een nieuwe zithoek, en dan niet weer een zwarte, maar een vrolijke! En nieuwe vloerbedekking.

Morgenmiddag bij moeder op bezoek, kijken of ze hem misschien herkent. En 's avonds kijken of er niet ergens een leuke vrije serieuze vent is, want alleen is wel erg alleen. Tranen weer?! Jezus, wat ben je toch een mietje! …Hahaha!

Leonard voldeed aan alle eisen die ik aan Ozeer had opgegeven: zijn ziel was zuiver. Zoals ze vroeger zeiden: "D´r zit geen kwaad bij". Hij was plichtsgetrouw in zijn werk en betrokken bij zijn cliënten, en hij was ook betrokken bij het wel en wee van de samenleving. Binnen zijn politieke partij was hij een bemiddelaar, een brokkenlijmer en een goed organisator. En ook de keuze voor zijn partij was die van de gulden middenweg geweest. Hij had nooit iemand kwaad gedaan en zelfs spinnen in zijn huis ving hij telkens voorzichtig en zette hen in zijn achtertuin. Hij hield van zijn moeder en had haar jaren geholpen toen ze minder werd; hij ging innig om met zijn zus en zijn trouw aan zijn vrienden was absoluut. In niets minder dan zijn menselijkheid was hij een hoogvlieger, en dat volstond.

Leonard was geboren uit twee ouders van christelijke huize maar hij had als kind al het gevoel gehad, dat hij Jood was. Vanuit het kamertje waarin hij vioolles had, kon hij in een Joods leslokaal kijken en het was daar dat hij thuishoorde. Een oude buurvrouw in hun straat was Joods en had hem 'geadopteerd' omdat ze vond dat hij een jiddiesj koppie had en dus wel een jiddiesj 'jélledje' moest zijn. Op de middelbare school had iedereen aangenomen dat hij Jood was en hij had dat met plezier zo gelaten. Een klasgenoot was rabbijn geworden, maar Leonard had geweten dat hij als nietjood én homo bij de Hollandse Joodse gemeenten niet welkom was. Hij was al zestig jaar toen hij via internet kennismaakte met een nieuwe Joodse gemeente in Delft, waar hij mogelijk wél welkom zou zijn. Zijn jiddiesje ziel werd daar herkend en hij werd er opgenomen in het Joodse volk en zo kwam hij thuis.

"Het lijkt mij nodig dat ik deze ziel zal leren kennen", zo stelde ik vast, "Breng haar voor mij." Ozeer schudde zijn hoofd: "Aan uw verzoek kan ik niet voldoen, heer: deze ziel is nog in haar mens."

"Leg die mens te slapen dan en voer deze ziel tot in de Hemelen." Geschrokken vroeg Ozeer mij, of die ziel dat wel verdragen zou. "Ik zal heel teder zijn", beloofde ik. Ozeer wendde verward zijn blik van mij af en ik begreep niet langer waarom ik dat soort zinnen zei.

Vier mannen betraden de Boomgaard: Ben Azzái, Ben Zomá, Elíesja ben Abóe-Jah en Akíeva ben Josééf. Ben Azzái zag de Hemeltuin en stierf, Ben Zomá liep over de paden en verloor zijn verstand, Elíesja vertrapte in zijn lompheid vele planten… Alleen rabbi Akíeva leerde er alle pleinen kennen en keerde in vrede weer naar huis. De ziel van Leonard zou het doorstaan.

"Kavód ha rav", zo groette ik, "eerwaarde leraar, welkom terug." Zij kon het zich niet heugen en dat sierde haar. "U leidt een eerbaar leven: liefdevol, zoals u eerder deed, maar er is u niet veel tijd beschoren: uw Koning verlangt uw diensten." Met gloeiend hart verklaarde zij zich onvoorwaardelijk bereid. "Ik hoop slechts", sprak zij met zacht verlangen, "dat ik eerst nog wat mijn kille bouwen mag."

Rabbi Akíeva wandelde langs een pad. Tegemoet kwam hem met grote haast een zwetende man onder een grote bundel brandhout. "Ho, rust even uit!", riep Akíeva de man toe, maar die schudde meteen en moe zijn zwartgeblakerd hoofd: "Ik moet verder en eigenlijk moet ik sneller nog!" Rabbi Akíeva versperde hem de weg en dwong hem zo te stoppen: "Ben je een slaaf en ren je voor je meester? Gooi die bundel af, want ik koop je vrij! Is het uit armoede dat je zo moet sloven? Gooi die bundel af en werk voor mij!" Hij-gend stond de man voor Akíeva en ontkende dat verlossing mogelijk was: "Ik ben dood en boet nu voor mijn zonden. Ik was belastinginner en onderdrukte vals het volk. Nu moet ik elke dag mijn eigen vuur opstoken: toe laat mij gaan, anders zal ik nóg meer moeten lijden!" Akíeva gaf niet op: "Uit elk lijden is verlossing!" Diep zuchtte toen de man: "Mijn zoon was ongeboren toen ik stierf. Alleen indien hij de godvrezende Jood zou worden die ik nooit was, zou dat mijn schuld voldoen. Maar mijn vrouw zal hem daartoe niets leren." Rabbi Akíeva noteerde 's mans gegevens en die van zijn vrouw, en begaf zich naar hun dorp. Hij nam het ongeletterde kind onder zijn hoede en onderwees het veertig dagen lang. Elke ochtend nam hij het mee naar de synagoge en elke avond ook. Toen het kind lezen kon, leerde hij het zingen en aan het einde van die dagen kwam de bruid en zong de jongen met de chazán: "Bahahahahahárchoe et Adoná'a'a'a'ai...". Toen riep luid een Bat Kol vanuit de Hemelen: "Waarom deed jij zoveel moeite voor deze ene?" Akíeva antwoordde vol vuur: "Omdat juist voor zoals deze gewerkt dient te worden!" Op dat moment viel de vader voor rabbi Akíeva en tranen trokken sporen over zijn gelaat: "Mijn nageslacht heeft u gered en mij heeft u verlost: Prijst allen de Heer de Koning, onze God!"

Met deze ma'asé alleen al had Akíeva ben Josééf het paradijs verdiend, maar toen een onderdrukker hem lastig viel over de besnijdenis, en hem vroeg, waarom die knappe God van de Joden hun zonen niet gewoon gelijk schiep zoals Hij hen wilde, antwoordde Akíeva: "Omdat de Eeuwige verlangt dat de mens zichzelf verbetert." En tenslotte: toen de Romeinse veroveraar van het land van Israèl hem tergend langzaam doodmartelde, wist hij bij zijn einde nog te zeggen: "Sjma Israél: Adonái elohénoe, Adonái echád." Gezegend zij zijn nagedachtenis, want slechts daarom gaat het op Aarde: **de Heer is onze God en Hij is EEN!** De rest is ijdelheid.

De Torá is een handleiding voor de doorsnee mens in doorsnee situaties. "Want deze wet die ik vandaag voor je stel, is niet verborgen voor je en niet ver van jou. En zij is niet in de Hemelen, dat je zult zeggen: wie zal tot in de Hemelen gaan en haar voor ons omlaag halen. Zij is in jou, in je hart en in je mond, en je kunt haar houden." Maar niet alle mensen zijn doorsnee: er zijn visionairen en mystici. Is er voor hen wel een plaats in het volk Israèl? Het is duidelijk dat er voor hen een plaats is, een bijzondere plaats zelfs: de grootste Joodse visionairen zijn altijd ook grote wetskenners. Het is vanuit hun grote kennis en hun diepe begrip van de regels voor het Aardse, dat zij het Hemelse doorgronden en de Hemelen bereizen. Wellicht de grootste van allen was door mijn helper voor mij geleid. Respectvol bood ik de grootse ziel een stoel: "Kavód ha-rav Akíeva – Eerwaarde leraar Akíeva – neemt u plaats." De ziel nam plaats maar Ozeer verbeterde mij: "De naam van de eerwaarde leraar is niet עקיבא – Akíeva - maar עקביה - 'Okéév-Jah', mijn Heer. Een fout die vele maken!" Verrast keek ik de ziel aan en zij glimlachte en knikte. "De heer engel heeft gelijk, Prins van God. En het zou de naam van elke Jehoedíe moeten zijn: "Volgeling van God", begrijpt u?" Ik knikte instemmend en herinnerde me het verhaal:

   Alle voorouders van rabbi Okéév-Jah waren vreemdelingen geweest. Zijn grootouders hadden zich temidden van de Kinderen Israèl's gevestigd en zich bekeerd tot de Enige God, maar zij werden door de meeste Bnee Israèl behandeld als minderwaardigen en hun zonen en kleinzonen behoorden tot de armsten en minstgeletterden van het volk. De jonge Okéév-Jah kon zelfs in het geheel niet lezen, want van kinds af aan had hij gewerkt om bij te dragen in het levensonderhoud van zijn familie. Hij hoedde schapen voor de rijkste Jood van het land, Kalba Savóe'a, een inwoner van Loed. Okéév-Jah had in het algemeen weinig respect voor Joden, maar Kalba was zijn broodheer... Voor de Joodse geleerden had Okéév-Jah totaal geen respect: zij onderwezen broederschap en rechtvaardigheid, maar dwongen die niet af. Zo zei Okéév-Jah ooit: "Als ik nu een Torágeleerde zag, zou ik hem bijten als een ezel!"

Kalba Savóe'a had een wonderschone dochter, Rachéél genaamd, die op een goede dag, op een zeer goede dag, naar de velden kwam om de schapen van haar vader te inspecteren. De straatarme herder Okéév-Jah zag haar en werd meteen verliefd. Rachéél was vriendelijk tegen hem, deed vakkundig haar werk en ging heen. De volgende dag was er geen reden om de schapen nogmaals te inspecteren, maar Rachéél kwam toch weer naar de velden: ook zij was halsoverkop verliefd geworden. Rachéél kwam elke werkdag naar de velden en wandelde dan in de buurt van Okéév-Jah. Zij gaf hem van haar brood en dronk van zijn water. Na vele dagen hield Okéév-Jah het niet meer uit en hij sprak haar aan: "Jij bent de dochter van een rijke man en ik ben maar een bezitsloze herder. Kijk, zelfs deze waterkruik is niet mijn eigendom! Maar ik kan niet langer verzwijgen dat ik van je hou! Ik zou gelukkig zijn als je mijn vrouw zou worden…" Rachéél was ook hem zeer toegenegen en zij stemde toe, maar op één voorwaarde: hij moest eerst Joods onderwijs volgen en alle kennis van een Joodse man verwerven. Okéév-Jah liet zijn schouders hangen, want hoe kon hij, een jongeman zonder geld, nu stoppen met werken en gaan leren? En hoe kon hij de wetten gaan bestuderen als de mannen terwijl hij als een kleuter was en niet kon lezen?! Rachéél hield vast aan haar eis, en zij verklaarde zich met hem verloofd, maar zij zou hem pas weer ontmoeten wanneer hij was begonnen met zijn studie. Okéév-Jah was diepbedroefd.

Op een dag zat hij aan de oever van een kreekje terwijl de schapen tevreden graasden. In de bedding lag een platte steen met een diep gat erin. Okéév-Jah hield zijn hoofd schuin: een bewerkte steen? Nee, het gat was perfect glad, geen tekenen van bewerking. Toen zag hij dat er vanuit de kreek met tussenpozen een druppel op de steen viel, in het gat. Het was het zachte water van de kreek, dat de harde steen had uitgesleten. Als water dat kan met een steen, is alles mogelijk, bedacht Okéév-Jah. Er is dan alleen wel veel tijd voor nodig. Zo begreep hij dat ook hij best nog zou kunnen leren, ook al was hij allang geen kind meer en miste hij de vaardigheden, maar het zou wel een lange weg worden. Hij zei zijn werkgever vaarwel, maar toen deze hoorde dat Rachéél had toegezegd met de straatarme en domme herder te zullen trouwen, barstte hij in woede uit en weigerde zijn dochter een bruidschat. Hij verstootte zijn dochter zelfs en hij zwoor een eed, zeggende dat hij haar nooit meer zou aankijken…

Okéév-Jah en Rachéél trouwden en Okéév-Jah werkte als houthakker en zij waren arm. Op zekere dag waren zij zo arm dat alleen de strozak waarop zij sliepen van hen was. Juist toen kwam een arm man bij hen en vroeg om wat stro waarop dan zijn zieke vrouw zou kunnen slapen. Zonder te aarzelen gaf Okéév-Jah hem de helft van hun stro. Die arme bedelaar was de profeet Eliejáhoe, die Okéév-Jah kwam beproeven. Toen hun eerste kind oud genoeg was om naar school te gaan, stopte Okéév-Jah tijdelijk met werken en ging met het kind mee. Hij was al veertig jaren oud. De leraren ontdekten heel snel dat Okéév-Jah een uitzonderlijk studietalent had en zij moedigden hem aan zich volledig aan studie te wijden. "Geen offer zal te groot zijn", besliste Rachéél, "Ik zal werken terwijl jij gaat studeren aan de academie van een groot Leraar!" En aldus geschiedde. Okéév-Jah maakte goede vooruitgang en steeg van school naar school steeds verder van huis tot hij toegelaten werd als leerling van de grote rav Jehosjóe'a ben Chanán-Jah. Hij studeerde dag en nacht, dacht aan niets anders, maar omdat hij geen geld had voor kaarsen las hij 's nachts bij het licht van de maan. Dat deed zijn ogen geen goed. Toen Rachéél dat hoorde, verkocht zij haar lange haren en stuurde hem het geld.

Okéév-Jah werd al snel bekend als groot geleerde, maar dankzij zijn nederige afkomst bleef hij bescheiden en ruimhartig, en zo werd de arme schaapsherder uiteindelijk een van de meest geliefde leraren in het land Israèl. Op een dag wandelde hij met andere rabbijnen door de ruïnes van de Tempel. Toen zij ontdekte dat daar jakhalzen en schorpioenen leefden, vingen de anderen aan te wenen, maar Okéév-Jah lachte blij: "Begrijp dan toch, mijn broeders: dit was aangekondigd en beloofd door de Eeuwige en Hij heeft Zijn belofte gehouden! Nu mogen we er op vertrouwen dat Hij ook Zijn belofte van de terugkeer van ons hele volk naar Tsie'ón zal houden! De Tempel zal herbouwd worden en de Almachtige zal hier weer de Altijdaanwezige zijn! En wij zullen Hem hier weer dienen..."

Na twaalf jaren kwam de dag waarop Okéév-Jah besloot terug te keren naar zijn vrouw. Hij ondernam de reis niet alleen: honderdentwintig trouwe leerlingen volgden hem. Overal langs de weg liepen dorpelingen en stedelingen te hoop om hen toe te juichen en van proviand te voorzien. Vlakbij het dorp vanwaar Okéév-Jah zijn studie was begonnen als ongeletterde houthakker, maakten zijn leerlingen de weg voor hem vrij. Een arme vrouw in versleten kleren versperde de weg. "Ga opzij, vrouw!", riepen de leerlingen, "De grote rabbi Okéév-Jah komt er aan! Opzij!" Gelukkig kwam op dat moment Okéév-Jah dichterbij en hij maande zijn leerlingen tot kalmte: "Dit is mijn geliefde vrouw Rachéél!", zie hij, "Zij is het die mij deed studeren en zonder haar was ik nog een onwetende herder en zonder haar waren jullie nu niet mijn leerlingen!" En hij omarmde zijn vrouw en kuste haar teder, en samen liepen zij het dorp in.

Ondertussen was de rijke Kalba Savóe'a al lange tijd verdrietig omdat hij zijn dochter had verstoten. Hij miste haar erg en zon op een manier zijn eed teniet te doen. Toen hij hoorde dat een groot Torágeleerde het dorp aandeed, besloot hij diens advies in te winnen. Okéév-Jah herkende Kalba meteen maar hij liet dat niet merken. Hij luisterde naar Kalba's verhaal en vroeg toen: "En als je nu uitvindt, dat je dochter nog steeds met die arme herder getrouwd is, vergeef je haar dan en neem je haar dan toch weer op?" Hartstochtelijk riep Kalba uit: "Jazeker, rabbi, want ik wil mijn dochter terug, en ik zal ook haar man opnemen en hen beide onderhouden met al mijn rijkdom!" Okéév-Jah zie daarop: "Beste schoonvader, zie ik ben het: je vroegere herder Okéév-Jah, en hier achter mij zit je dochter Rachéél!" Toen kwam Rachéél te voorschijn en wierp zich in de armen van haar vader en beide weenden.

Kabal Savóe'a was nog immer de rijkste man in het land Israèl en hij schonk zijn schoonzoon een wijngaard en een huis en velden en vee. Okéév-

Jah reisde naar de grote academie van Nehardéa om te onderwijzen en naar Rome om te pleiten voor religieuze vrijheid voor zijn volk. Desondanks bleef hij al zijn jaren een bescheiden mens. Beroemd is zijn rede bij de begrafenis van zijn zoon Sjiem'ón, die door duizenden werd bijgewoond:

"Niet omdat ik een geleerde ben, zijn jullie vandaag met zovelen hier aanwezig, want er zijn onder jullie grotere geleerden. En ook niet omdat ik rijk ben, want er zijn onder jullie rijkere mannen. Degenen onder jullie die hier uit het zuiden komen kennen mij, maar al die uit Galilea kwamen... hoe zouden zij mij kennen? De mannen zullen wellicht mijn naam wel eens gehoord hebben, maar al deze vrouwen en kinderen? Jullie zullen in de Komende Wereld rijkelijk beloond worden voor jullie aanwezigheid hier vandaag, want jullie kwamen zuiver uit respect voor de Torá om een dode te begraven."

En ook leerde hij: "Ga aan een tafel altijd drie plaatsen verder van het hoofd zitten dan je titel en je status rechtvaardigen, want het is beter dat je gevraagd zult worden dichterbij te komen, dan dat men je aanmaant je verder te verwijderen." Rabbi Okéév-Jah was het, die vastlegde welke geschriften deel zouden uitmaken van de TaNáCH, en welke dus waren toegestaan voor voordracht in de gemeenschap en tijdens de gebedsdienst. Tot grote schande voor het Joodse volk werd Okéév-Jah niet verkozen tot hoofd van het Sanhedríen – het allesbepalende college van zeventig rabbijnen: zijn afkomst was te nederig, dit wil zeggen: zijn voorouders waren bekeerlingen. Dit alles ge-schiedde in de dagen waarin Bar Kozievá opriep tot een opstand tegen de wrede bezetter, de Romein, die probeerde het Joodse geloof in de ene God uit te roeien. Okéév-Jah steunde Bar Kozievá, want hij zag in hem de langverwachte Masjíe'ach. De opstand haperde en Bar Kozievá toonde zich een zwak leider. Okéév-Jah had gedacht dat de messiaanse tijd was aangebroken, maar zag tot zijn verdriet de onderdrukking en het lijden alleen maar verergeren. Onderwijs in de Joodse wetten en de Torá was een halsmisdaad, maar rabbi Okéév-Jah zette zijn werk voort en werd deswege door de bezetter gevangengenomen. Na enkele jaren, toen de opstand volledig onderdrukt was, werd rabbi Okéév-Jah doodgemarteld: zijn huid werd met ijzeren kammen opengereten en afgescheurd. De rabbi bleef bij bewustzijn en herhaalde onophoudelijk het 'Sjemá Israèl'. Pas toen de beulen zijn voorhoofd be-werkten, op de plek waar een Joodse man zijn gebedsriem aanlegt, stierf hij.

De stier regeert nek, keel en oren van de strijder

Vanwaar ik kwam

Dit is het boek van Adáms geslacht.
Ten dage als God den mens schiep, maakte Hij hem naar de gelijkenis Gods. Man en vrouw schiep Hij hen, en zegende ze, en noemde hun naam Mens, ten dage als zij geschapen werden. En Adám leefde honderd en dertig jaren, en gewon een zoon naar zijn gelijkenis, naar zijn evenbeeld, en noemde zijn naam Sjet. En Adáms dagen, nadat hij Sjet gewonnen had, zijn geweest achthonderd jaren; en hij gewon zonen en dochteren. Zo waren al de dagen van Adám, die hij leefde, negenhonderd jaren, en dertig jaren; en hij stierf.
En Sjet leefde honderd en vijf jaren, en hij gewon Enósj. En Sjet leefde, nadat hij Enósj gewonnen had, achthonderd en zeven jaren; en hij gewon zonen en dochteren. Zo waren al de dagen van Sjet negenhonderd en twaalf jaren; en hij stierf.
En Enósj leefde negentig jaren, en hij gewon Kenán. En Enósj leefde, nadat hij Kenán gewonnen had, achthonderd en vijftien jaren; en hij gewon zonen en dochteren. Zo waren al de dagen van Enósj negenhonderd en vijf jaren; en hij stierf.
En Kenán leefde zeventig jaren, en hij gewon Mahalál-eel. En Kenán leefde, nadat hij Mahalál-eel gewonnen had, achthonderd en veertig jaren; en hij gewon zonen en dochteren. Zo waren al de dagen van Kenán negenhonderd en tien jaren; en hij stierf.
En Mahalál-eel leefde vijf en zestig jaren, en hij gewon Jared. En Mahalál-eel leefde, nadat hij Jared gewonnen had, achthonderd en dertig jaren; en hij gewon zonen en dochteren. Zo waren al de dagen van Mahalál-eel achthonderd vijf en negentig jaren; en hij stierf.
En Jared leefde honderd twee en zestig jaren, en hij gewon Chanóch. En Jared leefde, nadat hij Chanóch gewonnen had, achthonderd jaren; en hij gewon zonen en dochteren. Zo waren al de dagen van Jared negenhonderd twee en zestig jaren; en hij stierf.
En Chanóch leefde vijf en zestig jaren, en hij gewon Metoesjalách. En Chanóch wandelde met God, nadat hij Metoesjalách gewonnen had, driehonderd jaren; en hij gewon zonen en dochteren. Zo waren al de dagen van Chanóch driehonderd vijf en zestig jaren. Chanóch dan wandelde met God; en hij was niet meer; want God nam hem weg.

> *En Metoesjalách leefde honderd zeven en tachtig jaren, en hij gewon Lámech. En Metoesjalách leefde, nadat hij Lámech gewonnen had, zevenhonderd twee en tachtig jaren; en hij gewon zonen en dochteren. Zo waren al de dagen van Metoesjalách negenhonderd negen en zestig jaren; en hij stierf.*
>
> *En Lámech leefde honderd twee en tachtig jaren, en hij gewon een zoon. En hij noemde zijn naam Nóach, zeggende: Deze zal ons troosten over ons werk, en over de smart onzer handen, vanwege het aardrijk, dat de Heer vervloekt heeft! En Lámech leefde, nadat hij Nóach gewonnen had, vijfhonderd vijf en negentig jaren; en hij gewon zonen en dochteren. Zo waren al de dagen van Lámech zevenhonderd zeven en zeventig jaren; en hij stierf.*
>
> *En Nóach was vijfhonderd jaren oud; en Nóach gewon Sjeem, Cham en Jáfet. Uit Sjeem, Cham en Jáfet bent u gekomen. Maar ik ben ouder nog, van vóór de vloed.*

'Prins van het Aangezicht' word ik wel genoemd. Sommige bezoekers in de Hemelen denken dat ik God ben: de onnozelen! De Jood Elíesja ben Avóe-Jah mocht in de hemelen kijken en hij zag mij zittend op mijn troon naast de troon van de Almachtige. De vervloekte afvallige verkondigde op Aarde dat ik een gelijke van God was, omdat ik naast de Altijdaanwezige de enige was die zat. Het is mij slechts toegestaan te zitten omdat ik Chanóch de leraar en de schrijver was en nu Metatrón de Hemelse schrijver ben. Ik noteer alle goede daden van het volk Israèl en tel hen op, om het volk ermee te verdedigen tegen alle aanklachten.

In de zondige tijden vóór de Vloed leefde ik en ik was een van de weinige overgebleven Rechtvaardigen. Alle dagen reisde ik van hot naar her en deed ik mijn best de mens tot inkeer te brengen, maar het mocht niet baten. De Heilige gezegend is Hij liet mij vele malen voor Hem verschijnen om mij te sterken in mijn streven. Op een nacht zat ik te peinzen bij het licht van het vuur toen twee engelen verschenen aan mijn zijden en mij sommeerden hen te vergezellen. Zij namen mij elk bij een hand en voerden mij door alle Hemelen en langs alle bewoners. Zij toonden mij de hoven van het Paradijs en direct ernaast de holen waarin zondaren zouden kunnen worden gestraft met gruwelijke martelingen. Zij toonden mij de samenwerking van de zon en de maan en brachten mij naar de opstandige engelen, opdat ik hen nader tot de Enige zou brengen. Ik slaagde in mijn missie en de twee engelen zongen mijn lof en andere engelen vielen hen bij. De aartsengelen Miecha'él en Gavrie'él leidden mij toen voor de Troon van Hem en ik mocht naast Hem zitten. Daar ontving ik wijsheid en schreef ik driehonderd en zesenzestig boeken. Niet alleen onderwees de Hoogst Verhevene mij in alle kennis van de engelen, maar ook onthulde Hij aan mij het geheim van de Schepping, het geheim van de dagen van de wereld en de aard van de Komende Wereld. Daarna werd ik teruggeleid naar mijn woning. Ik verwekte Metoesjalách, die Lámech verwekte, die de vader van Nóach zou zijn. Nadat ik mijn zonen alles wat ik wist, had onderwezen, kwamen wederom de engelen en voerden mij hoger en hoger tot in de Hemelen.

De Onbegrensde leerde mij en verrijkte mijn geest en ik groeide tot ik even groot was als heel de Aarde. De Alwetende bond aan mijn lichaam 36 vleugels en gaf mij 365 ogen van vuur, die straalden als de zon. Mijn lichaam verloor vaste vorm en stof en werd een Hemels vuur! Vonken sprongen van mij en het stormde en donderde en bliksemde rondom. Vele engelen zwermden om mij heen en bedekten mij met een veelkleurige kleed. Op mijn hoofd plaatsten zij een gouden kroon en naast de Koning aller werelden plaatsten zij mijn troon. Trompetten schalden en er werd luid verkondigd dat ik voortaan 'Metatrón' heten zou. Verder werd alle engelen opgedragen mij te gehoorzamen, want ik was ondergeschikt alleen aan God zelf.

Ik zal U loven met heel mijn hart,
Voor de ogen aller volkeren zal ik U psalmzingen.
Neerbuigen zal ik mij naar Uw heilige tempel
en ik zal Uw naam prijzen om Uw trouw,
want U hebt Uw toezegging gestand gedaan.
Meteen toen ik riep, hebt U mij geantwoord,
En U hebt mij gezegend met kracht in mijn ziel.

Alle koningen der Aarde zullen U loven
want zij zullen de woorden van uw mond gehoord hebben.
Ook zij zullen zingen van de wegen van de Schepper,
van de heerlijkheid van de Almachtige.
Want de Eeuwige is verheven, en Hij aanschouwt de nederige in liefde,
maar de hovaardige verstoot Hij van verre.

Ik wandelde in benauwdheid en U hield mij in leven.
Uw rechterhand verloste mij uit de greep van mijn verdrukkers..
De Eeuwige zal het voor mij voleindigen.
O mijn Heer, uw barmhartigheid is tot in eeuwigheid.
Laat de werken van Uw handen niet verloren gaan!

Toevíe-Jah 6

Toevíe-Jah maakte goede voortgang en zijn hond volgde hem. De eerste nacht wilde hij slapen aan de Tigris.

Hij liep de oever af om zijn voeten te wassen en onverwachts kwam een monsterlijke vis met baardharen op hem af, met zijn brede bek wijdopen gesperd. De hond blafte jankend en in doodsangst schreeuwde Toevíe-Jah: "Help me, Azár-Jah, hij valt me aan!" Maar de engel zei: "Grijp hem bij een kieuw en trek hem naar je toe!" Dat deed hij met angst en beven en hij trok hem op de oever. De vis raakte daar in ademnood en stierf.

De engel zei toen tot Toevíe-Jah: "Snij de ingewanden er uit en leg zijn hart, zijn gal en zijn lever apart, want die zijn geschikt voor geneesmiddelen."

Hij deed als gezegd, en het vlees roosterde hij en zij aten er van. Wat overbleef, zoutten zij en het diende hen tot voedsel tot aan Ragès, de stad van de Midjanieten.

Bij de poort van de stad vroeg Toevíe-Jah de engel: "Vertel me alsjeblieft, mijn broeder Azár-Jah, die ingewanden van de vis, die je mij deed bewaren: waartegen zijn zij nuttig?" Ozeer antwoordde en zei: "Als je een stukje van het hart van de Sfamnóen op gloeiende kool legt, zal de rook alle soorten demonen verjagen, zowel van mannen als van vrouwen. En dan zullen ze niet terugkeren. De gal is goed om de ogen te zalven, als daarin witte vlekken zijn. Dan zullen zij genezen." Daarop vroeg Toevíe-Jah waarvoor de lever, maar de engel zweeg.

Zij liepen door de stad en Toevíe-Jah vroeg: "Waar zullen we onze intrek nemen?" De engel zei: "Hier is een herbergier die Ragoe´él heet: een verwant uit jouw stam. Hij heeft een dochter die Saráh heet, en verder heeft hij zoon noch dochter. Al zijn eigendommen zullen van jou zijn en je moet de dochter tot vrouw nemen. Vraag haar vader om haar en hij zal haar jou tot vrouw geven."

Toevíe-Jah schudde afwerend zijn hoofd: "Van haar heb ik gehoord: zeven malen reeds had zij een echtgenoot en zij stierven allen. Erger nog: ik heb gehoord dat een duivel hen alle heeft vermoord! Nu vrees ik met grote vreze, dat hetzelfde mij zou overkomen. En ik ben het enige kind van mijn ouders: ik zou hun dagen vullen met verdriet en tot een brandende hel maken."

Toen zei de engel Ozeer tot hem: "Luister en gehoorzaam mij en ik zal je tonen wie het zijn, over wie de duivel kan heersen. Het zijn degenen, die God buitensluiten en het huwelijk in lust ontvangen, als het paard en de ezel die geen verstand hebben: over hen heeft de duivel macht. Maar wanneer jij haar nemen zal, ga dan in haar kamer en onthou je drie dagen lang van haar. En sta jezelf met haar niet anders toe dan gebed.

In de eerste nacht leg de lever van de Sfamnóen in het vuur en de duivel zal verdreven worden.

In de tweede nacht zul je worden opgenomen in de rangen van de heilige Aartsvaderen.

In de derde nacht zul je een zegening ontvangen: uit je nageslacht zullen uitsluitend gezonde kinderen geboren worden en de laatste uit je nageslacht zal de grootste zijn na Mosjé.

Zodra de derde nacht is verstreken zul je de maagd kennen, maar je zult haar nemen in vrees voor de Heer, gedreven niet door lust maar door liefde voor kinderen, opdat ook jij gezegend zult zijn in het zaad van Avrahám."

Alles is van God

Niets is wat het lijkt en de mens kan niet zien wat iets werkelijk is. De mens neemt waar wat fysiek aanwezig is en het licht van de zon weerkaatst. Maar zoals elke fysieke handeling gestuurd wordt door gedachten en overwegingen, en gekleurd door emoties en in gang gezet door een beslissing, zo schuilt er achter en onder elk fysiek voorwerp de werkelijkheid van het oneindige. En het oneindige is voor ons mensen ongrijpbaar en niet te bevatten. Wij zien alleen de uiterlijke verschijningen, die slechts reflecties van de werkelijkheid zijn. In deze wereld is meer voor ons verborgen dan er zichtbaar is.

Het oneindige staat gelijk aan De Oneindige. De werkelijkheid van het oneindige is de werkelijkheid van De Oneindige. Daar nu in alles dat bestaat de werkelijkheid van De Oneindige besloten ligt, zijn er geen onbelangrijkheden en geen nietigheden. De goise filosofen hechten groot belang aan grote ideeën, maar de mystieke Jood (en dus elke complete Jood) hecht groot belang ook aan de kleinste handelingen. Alles is van God, volkeren der wereld, en daarom werken Joden de Torá uit tot wetgeving voor minusculiteiten: niets van alles dat van de Schepper is, mag genegeerd, en geen voorschrift mag minder dan perfect nageleefd.

In elke Jood, klein of groot, zwart of blank, huist een joodse ziel – een goddelijke ziel: dát is de werkelijkheid achter elke Jood. De man zelf zal het niet altijd beseffen, maar in elke Jood huist een ziel die twee vurige verlangens kent: Torá leven en de God van Israèl aankleven. Daal af tot in de diepten van je innerlijk en bevrijdt dat vuur!

De sterren staan

De sterren staan hoog aan het uitspansel: zo hoogverheven is de mensheid nooit geweest en zo talrijk zal zij nooit worden.

De boog van het verbond tussen Schepper en mens is in tijden niet gezien: hij is gebroken.

Wolken zoeken wanhopig een uitweg: slinks regenen zij uit op ongekende plekken, maar uit hun tranen worden zij toch opnieuw gevormd.

De bomen groeien tot in de Hemelen, maar hun wortels zitten vast in de Aarde.

De vogels stijgen zo ver als hun vleugels hen kunnen dragen, dan storten zij neer.

Al wat kruipt in het oerwoud, wriemelt zich onder rottende bladeren en de muggen duiken in de poelen.

De rivieren verheffen hun stemmen: zij weeklagen luid en bitter.

De vissen verbergen zich in de donkerste troggen en de olifanten trekken weg van de kusten.

De Aarde kookt bijna en binnenkort zullen de bergen dansen.

De golven wachten op het sein: dan zullen zij verzwelgen !

Oh, het nadert…

De Waterman

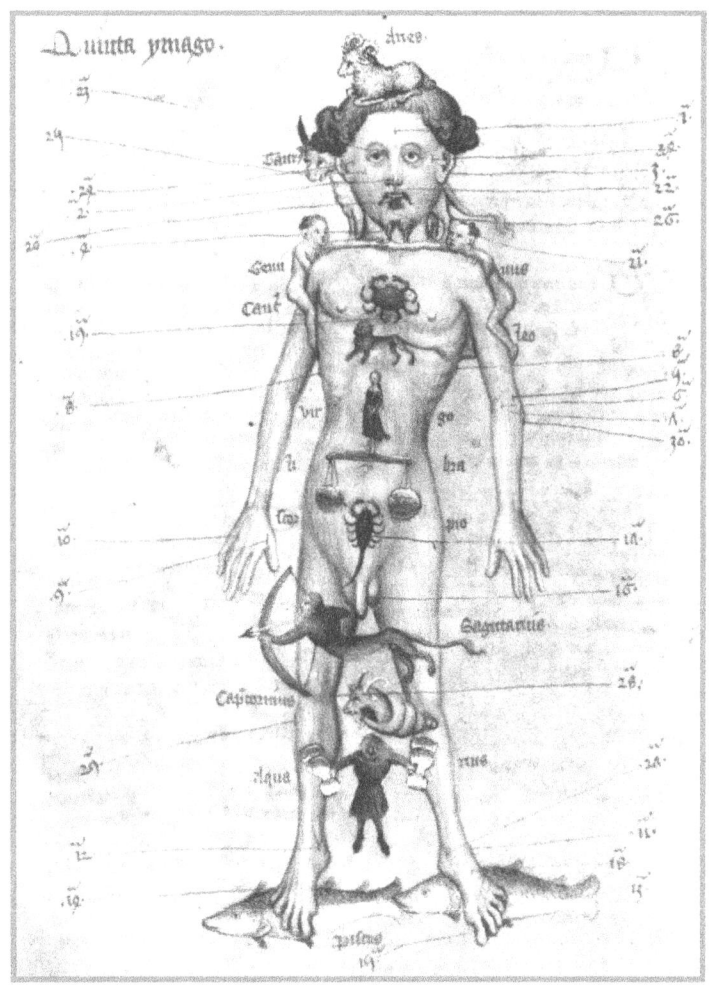

Het is zo, maar vast ook anders
Onmetelijk groot maar kwetsbaar klein
Naast u, o Eeuwige, ben ik geen gedachte waardig

Waarheden vliegen tot mij
Zovele, ik sla hen van mij af!
Leugens vluchten naar alle kanten bij mijn verschijnen

Waarom zou toch de kennis zo moeilijk zijn te behagen?
Waarom zijn zo kort toch onze dagen?
Waarom begon ik mijn leven al als kind?
Waardoor was ik bij zovelen zo volslagen onbemind?

Waardoor zou de mens de mens toch haten?
Hoe komt het, dat de mens het doden niet kan laten?
Ik wil niet horen dat de mens slecht is geboren:
Dat is niet waar! **DE MENS IS NIET VERLOREN!**

Al vier dagen wandelde ik naar mijn genoegen langs het karrepad. Het uitzicht was geen moment saai geweest, want tijden en klimaten wisselden elkaar voortdurend af. Toch vond ik dat wij eens verder moesten kijken naar mijn leger. "Wat mijn heerschaar ook behoeven zal, mijn helper, is een bevelhebber in het veld. Een ziel die anders denkt, die alternatieven in het groot bekijkt. De ideale bemiddelaar tussen informatie en actie, een strateeg. Een ziel die het voetvolk leidt. Zij zal de veldslag overschouwen en de ideeën aandragen." Ozeer nam beleefd afscheid van mij en liep mij vooruit om die ziel te zoeken. Onderwijl steeg ik op om mij te verpozen met mijn dochters in hun plaats. Zij waren blij met mijn komst. "Pappie!", riep Betje vrolijk en Heintje schoot in de lach. De andere zielen keken verbaasd op van hun werk: zo sprak men Metatrón gewoonlijk niet aan! Mijn meidjes kusten mij en namen mij tussen hen in. Zo leidden zij mij rond door de werkplaatsen: hier worden de halsters en de teugels geweven en genaaid, daar snijden zielen de stof voor de mantels en daar, dat hoor je al van ver: daar smeden engelen de zwaarden boven het hellevuur! Mijn dochters waren nog precies als op de dag dat ik weggevoerd was: levendige jonge vrouwen met jiddiesje pónempies onder zwarte kapsels, en ze hadden nog steeds chótspe. Ik zag hen, zoals ik mij hen herinnerde, maar hoe zouden de andere zielen hen zien? Zoals ik de andere zielen zag: als in de kracht van hun leven. Gelukkig niet in hun gedaanten bij hun overlijden: dat zou een aantasting van hun waardigheid zijn. Wel grappig vond ik het, dat ik plots op elke vraag die in mij opkwam, het antwoord wist. Met een drieknuf nam ik afscheid van mijn meidjes.

Mijn woning was groter toen en aan weerszijden van de toegang stonden engelen. De deur van mijn kamer werd voor mij geopend. Door de gang kwam gehaast Ozeer aangelopen, maar de deur werd achter mij gesloten. Ik zette mij achter mijn bureau en wachtte tot Ozeer zou aankloppen, maar tot mijn verrassing werd de deur ook voor hem gewoon geopend. Met opgetrokken wenkbrauwen wees ik de engel een stoel en hij nam plaats. Ik knikte naar hem. Hij vatte dat op als toestemming om te spreken en hij zei verward: "Mijn zoektocht.... Naar een leider van het voetvolk.... Dat had u mij opgedragen.... Heer, ik naderde tot dicht bij Lilíet! Toen ik dat besefte, kromp ik ineen en hield me klein en stil. Voorzichtig kroop ik achteruit en vluchtte ik, want angst had mij overvallen! Vandaar snelde ik zonder onderbreking en zonder rust terug naar u, Heer! En nu.... Verlicht mij, Heer, want ik verkeer in diepe duisternis." Maar Liliet kon toch die ziel niet zijn?! Zij die in opstand was gekomen tegen de mens en die de mens elke nacht belaagde in zijn slaap: zij zou toch niet Ons werktuig worden?! Ik wilde haar zien, want zij was mijn lieve Elíesa. Zij was óók mijn lieve Elíesa. Geweest.... Zien wilde ik haar, en spreken. Liefhebben wilde ik haar. En ik wilde ons kind zien, zelfs als hij een demoon zou blijken! Ik stond op en omgordde mijn lendenen. "Wijs mij de weg naar Liliet", droeg ik Ozeer op. Hij week terug en kromp ineen: "Liliet is het kwaadste der kwaden, Heer! Zij is een en al verdorvenheid! Zij is lust en ontrouw, begeerte en afgunst! En vuur en pijn: verterend vuur!" Ik knikte hem geruststellend toe: "Ik begrijp je angst, mijn engel. Wijs mij alleen maar de weg, vertel me dan alleen maar hoe te reizen." Ozeer schudde zijn hoofd, waardoor zijn lange haren rondzwierden. "Nee, Heer, toe! Niemand kan haar weerstaan! Buiten de Eeuwige dan... Toe, Heer, houdt u ver van haar!"

Met beide handen nam ik hem bij zijn schouders en schudde ik hem stevig door elkaar: "Kalmeer! Ik heb haar al ontmoet en ik heb het overleefd! Is zij in die ruïne aan het Pad? **Zeg het mij!**" Ozeer keek mij recht in de ogen en sprak: "U heeft een vrouw, Heer, hier in dit huis: toe, blijf toch hier!" Daarop ontstak ik in woede en ik stootte hem van mij af. Hij viel op zijn rug en probeerde niet op te staan. Ik toornde boven hem uit en wilde hem dolgraag schoppen en vertrappen. Met mijn rechterhand open als een klauw dreigde ik hem: "Zeg me waar ik haar kan vinden, **NU!** Anders grijp ik je vast en werp ik je in de diepste krochten der Aarde en bedelf ik je voor eeuwig! **SPREEK!**" Daarop sprak Ozeer:

> *Waar de zeeën en de Hemelen elkaar raken,*
> *Waar de bergen als trappen door de wolken reiken,*
> *Waar de diepe grotten gloeien in het duister,*
> *Waar de behemót trappen en bijten,*
> *Waar de vogels niet kunnen vliegen,*
> *Waar de vissen op hun ruggen liggen:*
> *Daar en verder nog,*
> *En niet nu, maar straks weer zoals vroeger,*
> *Daar komt ze alle nachten,*
> *Maar wanneer het licht is,*
> *Ligt zij in haar woning en wacht zij op de Ene,*
> *Die haar zal bedwingen.*
> *De Satán houdt zijn Hof van Azazèèl in het zuiden*
> *En Liliet is thuis in het oosten,*
> *Dertien dagreizen van Chevròn.*

Ja, van het graf van Adam en de Ouders van het Volk,
En Chavá,
Loop dan tien en drie dagen van het gloren tot de schemer:
Loop van de grot van de Rechtvaardigen naar de verdoemenis!
Maal niet om Hemelen of om engelen,
Denk niet aan het lot der Joden, Heer,
Laat de mensheid ver achter u en kijk niet om:
Loop naar de Ongezeglijke! Loop dan!!

Van de dubbele grot, die Avrahám kocht van Efrón de Chittíe in het bijzijn van de ouderen van Chet als graf voor zijn vrouw, voor zichzelf en zijn nageslacht, talrijk als de sterren aan het uitspansel, van die grot die door Adám uitgeruimd was als laatste rustplaats voor Chavá, zijn tweede vrouw... vandaar liep ik drie dagen naar het oosten. De vierde dag was sjabát en ik rustte op de bergen voorbij de Jordaan. Daar richtte ik van stenen een altaar op voor de Eeuwige en ik bad er tot mijn Koning, de God van Israèl. Om begrip en vergiffenis smeekte ik Hem maar in het suizen van de wind hoorde ik geen antwoord.

Zes dagen liep ik over de oude weg naar Perzië. De elfde dag was sjabát en ik rustte tussen de afgebrokkelde muren van een karavaanserai. Graag had ik daar kamelen geroken.

Nog drie dagen liep ik over die weg. Avrahám had daar gelopen, met zijn vrouw en zijn neef Lot, met zijn vee en al zijn bezit en met de zielen die hij had geschapen. Hoe graag had ik mij bij hen aangesloten: zij begonnen de geschiedenis van mijn volk. Hoe graag zou ik niet Avrahám zijn! De weg was in onbruik en moeilijk begaanbaar.

Bij het eerste licht van de laatste dag verliet ik de vertrouwde route en daalde ik af in een droge bedding. Langs de oevers lagen meegesleurde rotsen maar in het midden was slechts gladgestreken zand. In een poel achter een enorme rots baadde ik mijn lijf. Toen ik mij schoon en verkwikt voelde, dompelde ik me drie maal onder, waarbij ik telkens geheel omgeven was door het water. Herboren kleedde ik mij.

Tot aan de schemering volgde ik de bedding. In de laatste stralen van de zon beklom ik een heuvel om uit te zien naar de woning van Liliet. Op een volgende heuvel zag ik de ruïne. Stof werd er opgeworpen en dwarrelde dwaas weer neer. Er was daar leven.

Een plant met bladeren zo enorm als de oren van een olifant. De vorm van een vestingmuur met torens. Brokken gevallen van de top. Brandendhete zonnestralen lieten koelgroene planten achter. De torens wierpen grillige schaduwen over de grond en de stenen. In een koele hoek zat een verschrompeld wezen, naakt, een magere oude vrouw. Vol rimpels was de vrouw en haar huid hing in plooien om haar heen. Voorzichtig sprak ik haar aan: "Elíesa, mijn verbonden ziel…" De vrouw trok haar oude hoofd naar achteren en hield het scheef. Vol achterdocht kraste zij: "Elíesa… Wie kent er nog die naam?! Heeft Elíesa wel bestaan?! Een engel was zij niet… En ook niet echt mens. Dat ik je verwens? Waarom zoek je hier naar iemand die niet heeft bestaan?" Ik reisde omdat ik wilde vinden, elke pas voor mij een nadering. "Het wordt nu donker", merkte ik op, "je zult het koud krijgen." Ze was verdord en breekbaar. Ik bukte me en tilde haar voorzichtig op. "Wat ga je met me doen?", vroeg ze. Ik antwoordde, dat ik haar graag in bad zou stoppen. Het oude mensje grinnikte ondeugend: "Daar ben ik nu helaas te oud voor. Toch?" Ik droeg haar onder een boog door en vond haar kamer terug. Er was geen bad. "Leg me maar op mijn bed", zei ze, "Oi, het is echt al koud." Ze graaide naar haar deken. Ik trok mijn kleed uit en legde mij naast haar en trok de deken over ons heen. Met opgetrokken wenkbrauwen keek ze me aan: "En toen, reb Jehóede?" Ook ik trok mijn wenkbrauwen op: "Dus je herkent me wel!" Ze glimlachte voldaan: "Ik was de eerste vrouw en ik schijn ook de laatste te moeten worden. En ik weet alles nog! Ik weet zelfs de namen van alle mannen nog!" Dan ben je dus nog goed bij zinnen, want het moeten er tienduizenden geweest zijn. Honderdduizenden! Ze sloot haar ogen. Ik lag op mijn linkerzij en met mijn rechterhand reikte ik naar haar. Ik hoopte dat haar lichaam zich weer zou verjongen, als die vorige keren, maar dat gebeurde niet. Wel werd zij voor mij weer Elíesa en ik weende en ik besteeg haar en zij stond het toe. Toen ik bevredigd was, vielen wij dicht bijeen in slaap.

    Een gruwelijk godslastering deed mij ruw ontwaken. Aan de voet van het bed stond een monsterlijk wezen met drie koppen en vurende ogen. Het spuugde naar me en gromde: "Godverdommeje, serpent! Na al die eeuwen kom je terug en lig je met mijn moeder?! Ik zal je vermoorden!" Elíesa was wakker. Ze richtte zich op op haar ellebogen en zei sussend: "Mijn zoon, gemeenschap met elke man is toch mijn stiel? Wat dat betreft is deze toch niet anders?" Het monster was mijn zoon… "Asjmedái?", bracht ik uit. "**VERVLOEKTE HOND!**", brulde hij uit, "**Noem me niet bij mijn naam!** Je hebt het recht niet mijn naam uit te spreken! Ik moet je vermoorden! Breken zal ik je, en verscheuren ook, en je bloed zal door de hyena's opgelikt worden!" Elíesa was weer Lilíet en zij gebood onze zoon te zwijgen: hij zou mij níet doden! Ásjmedai bespuugde me, het stonk echt walgelijk, en hij gromde: "Je had me verwekt maar je wilde me niet! Ik paste niet in je plannen, zeker, hè, zo'n lelijkerd!" Verontwaardigd keek ik Lilíet aan: "Is dat wat je hem hebt verteld?! JIJ nam hem weg!" Liliet schokschouderde: "Had je 'm gehouden dan?" Ik zou hem naar mijn Meester gebracht hebben, opdat deze hem zou… repareren… Mijn zoon snoof en richtte zich op en duwde zijn buik naar voren. Ontdaan zei ik tegen Lilíet: "Wat een rotstreek! Jij was het die mij verliet vóór ik mijn kind zelfs maar zag! Jongen, ik heb…" Ásjmedai had zijn walgelijk lid ontbloot en urineerde op mij. Het siste en brandde zich een weg door de deken! Ik sprong op en van het bed en hij volgde mij met zijn zure straal. De spetters beten in mijn blote huid. "Naar buiten!", riep Lilíet me na en ik sprong door de opening van haar kamer en rende naar de uitgang. Onderweg werd ik nog bespat en geschopt en tenslotte ontving ik een gemene slag in mijn rug. Ik sloeg neer op brokken muur en bezeerde me hevig. Meteen wilde ik overeind krabbelen maar eerst draaide ik me om. De muren van de ruïne vielen voor mijn ogen plat en vouwden zich en vouwden zich nog een keer en nog vele malen, tot er niets meer was dan kale rots en de sterrenhemel. Het was koud, heel koud. Al het land rondom mij vervaagde en verdween. Er bleef nog slechts een leegte over, en ik lag daar naakt en aanschouwde het niets. Uit niets is het geschapen en tot niets zal het vergaan. En gelijk de schepping zal het de engelen vergaan. Maar de Schepper zal eeuwig voortbestaan. Hij die was en is, zal altijd zijn.

En de Eeuwige sloeg het kind, dat de huisvrouw van Or-Jáh voor Davíed gebaard had, dat het zeer krank werd. En Davíed zocht God voor dat jongske; en Davíed vastte een vasten, en ging in en lag den nacht over op de vloer. Toen maakten zich de oudsten van zijn huis op tot hem, om hem te doen opstaan van de Aarde; maar hij wilde niet, en at geen brood met hen. En het geschiedde op den zevenden dag, dat het kind stierf; en Davíeds knechten vreesden hem aan te zeggen, dat het kind dood was, want zij zeiden: Ziet, als het kind nog levend was, spraken wij tot hem, maar hij hoorde naar onze stem niet, hoe zullen wij dan tot hem zeggen: Het kind is dood? Want het mocht kwaad doen. Maar Davíed zag, dat zijn knechten mompelden; zo merkte Davíed, dat het kind dood was. Dies zeide Davíed tot zijn knechten: Is het kind dood? En zij zeiden: Het is dood. Toen stond Davíed op van de Aarde, en wies en zalfde zich, en veranderde zijn kleding, en ging in het huis des Heren, en bad aan; daarna kwam hij in zijn huis, en eiste brood; en zij zetten hem brood voor, en hij at.

Zo zeiden zijn knechten tot hem: Wat is dit voor een ding, dat gij gedaan hebt? Om des levenden kinds wil hebt gij gevast en geweend; maar nadat het kind gestorven is, zijt gij opgestaan en hebt brood gegeten. En hij zeide: Als het kind nog leefde, heb ik gevast en geweend; want ik zeide: Wie weet, de Eeuwige zou mij mogen genadig zijn, dat het kind levend bleve. Maar nu is het dood, waarom zou ik nu vasten? Zal ik hem nog kunnen wederhalen? Ik zal wel tot hem gaan, maar hij zal tot mij niet wederkomen. Davíed ha-méllech – Davíed is de koning, maar zijn Huis zal de Masjíeach niet leveren, want het is een verwaten en losbandig Huis geworden.

Welgelukzalig zijn de oprechten van wandel, die in de wet des Heeren gaan.
Welgelukzalig zijn zij, die Zijn getuigenissen onderhouden, die Hem van ganser harte zoeken;
Ook geen onrecht werken, maar wandelen in Zijn wegen.
Eeuwige Koning! Gij hebt geboden, dat men Uw bevelen zeer bewaren zal.
Och, dat mijn wegen gericht werden, om Uw inzettingen te bewaren!
Dan zou ik niet beschaamd worden, wanneer ik merken zou op al Uw geboden.
Ik zal U loven in oprechtheid des harten, als ik de rechten Uwer gerechtigheid geleerd zal hebben.
Ik zal Uw inzettingen bewaren; verlaat mij niet al te zeer.
Waarmede zal de jongeling zijn pad zuiver houden? Als hij dat houdt naar Uw woord.
Ik zoek U met mijn gehele hart, laat mij van Uw geboden niet afdwalen.
Ik heb Uw rede in mijn hart verborgen, opdat ik tegen U niet zondigen zou.
Eeuwige Koning! Gij zijt gezegend; leer mij Uw inzettingen.
Ik heb met mijn lippen verteld al de rechten Uws monds.
Ik ben vrolijker in den weg Uwer getuigenissen, dan over allen rijkdom.
Ik zal Uw bevelen overdenken, en op Uw paden letten.
Ik zal mijzelven vermaken in Uw inzettingen; Uw woord zal ik niet vergeten.
Doe wel bij Uw knecht, dat ik leve en Uw woord beware.
Ontdek mijn ogen, dat ik aanschouwe de wonderen van Uw wet.
Ik ben een vreemdeling op de Aarde, verberg Uw geboden voor mij niet.
Mijn ziel is verbroken vanwege het verlangen naar Uw oordelen te aller tijd.
Gij scheldt de vervloekte hovaardigen, die van Uw geboden afdwalen.
Wentel van mij versmaadheid en verachting, want ik heb Uw getuigenissen onderhouden.
Als zelfs de vorsten zittende tegen mij gesproken hebben, heeft Uw knecht Uw inzettingen betracht.
Ook zijn Uw getuigenissen mijn vermakingen en mijn raadslieden.
Mijn ziel kleeft aan het stof; maak mij levend naar Uw woord.
Ik heb U mijn wegen verteld, en Gij hebt mij verhoord; leer mij Uw inzettingen.
Geef mij den weg Uwer bevelen te verstaan, opdat ik Uw wonderen betrachte.
Mijn ziel druipt weg van treurigheid; richt mij op naar Uw woord.
Wend van mij den weg der valsheid, en verleen mij genadiglijk Uw wet.
Ik heb verkoren den weg der waarheid, Uw rechten heb ik mij voorgesteld.
Ik kleef vast aan Uw getuigenissen; o Eeuwige Koning! beschaam mij niet.
Ik zal den weg Uwer geboden lopen, als Gij mijn hart verwijd zult hebben.
EEUWIGE KONING! leer mij den weg Uwer inzettingen, en ik zal hem houden ten einde toe.
Geef mij het verstand, en ik zal Uw wet houden; ja, ik zal ze onderhouden met gansen harte.

Doe mij treden op het pad Uwer geboden, want daarin heb ik lust.
Neig mijn hart tot Uw getuigenissen, en niet tot gierigheid.
Wend mijn ogen af, dat zij geen ijdelheid zien; maak mij levend door Uw wegen.
Bevestig Uw toezegging aan Uw knecht, die Uw vreze toegedaan is.
Wend mijn smaadheid af, die ik vreze, want Uw rechten zijn goed.
Zie, ik heb een begeerte tot Uw bevelen; maak mij levend door Uw gerechtigheid.
En dat mij Uw goedertierenheden overkomen, o Eeuwige Koning! Uw heil, naar Uw toezegging;
Opdat ik mijn smader wat heb te antwoorden, want ik vertrouw op Uw woord.
En ruk het woord der waarheid van mijn mond niet al te zeer, want ik hoop op Uw rechten.
Zo zal ik Uw wet steeds onderhouden, eeuwiglijk en altoos.
En ik zal wandelen in de ruimte, omdat ik Uw bevelen gezocht heb.
Ook zal ik voor koningen spreken van Uw getuigenissen, en mij niet schamen.
En ik zal mij vermaken in Uw geboden, die ik liefheb.
En ik zal mijn handen opheffen naar Uw geboden, die ik liefheb, en ik zal Uw inzettingen betrachten.
Gedenk des woords, tot Uw knecht gesproken, op hetwelk Gij mij hebt doen hopen.
Dit is mijn troost in mijn ellende, want Uw toezegging heeft mij levend gemaakt.
De hovaardigen hebben mij boven mate zeer bespot; nochtans ben ik van Uw wet niet geweken.
Ik heb gedacht, o Eeuwige Koning! aan Uw oordelen van ouds aan, en heb mij getroost.
Grote beroering heeft mij bevangen vanwege de goddelozen, die Uw wet verlaten.
Uw inzettingen zijn mij gezangen geweest, ter plaatse mijner vreemdelingschappen.
EEUWIGE KONING! des nachts ben ik Uws Naams gedachtig geweest, en heb Uw wet bewaard.
Dat is mij geschied, omdat ik Uw bevelen bewaard heb.
De Eeuwige Koning is mijn deel, ik heb gezegd, dat ik Uw woorden zal bewaren.
Ik heb Uw aanschijn ernstelijk gebeden van ganser harte, wees mij genadig naar Uw toezegging.
Ik heb mijn wegen bedacht, en heb mijn voeten gekeerd tot Uw getuigenissen.
Ik heb gehaast, en niet vertraagd Uw geboden te onderhouden.
De goddeloze hopen hebben mij beroofd; nochtans heb ik Uw wet niet vergeten.

Te middernacht sta ik op, om U te loven voor de rechten Uwer gerechtigheid.
Ik ben een gezel van allen, die U vrezen, en van hen, die Uw bevelen onderhouden.
EEUWIGE KONING! de Aarde is vol van Uw goedertierenheid; leer mij Uw inzettingen.
Gij hebt bij Uw knecht goed gedaan, Eeuwige Koning, naar Uw woord.
Leer mij een goeden zin en wetenschap, want ik heb aan Uw geboden geloofd.
Eer ik verdrukt werd, dwaalde ik, maar nu onderhoud ik Uw woord.
Gij zijt goed en goeddoende; leer mij Uw inzettingen.
De hovaardigen hebben leugens tegen mij gestoffeerd; doch ik bewaar Uw bevelen van ganser harte.
Hun hart is vet als smeer; maar ik heb vermaak in Uw wet.
Het is mij goed, dat ik verdrukt ben geweest, opdat ik Uw inzettingen leerde.
De wet Uws monds is mij beter, dan duizenden van goud of zilver.
Uw handen hebben mij gemaakt, en bereid; maak mij verstandig, opdat ik Uw geboden lere.
Die U vrezen, zullen mij aanzien, en zich verblijden, omdat ik op Uw woord gehoopt heb.
Ik weet, Eeuwige Koning! dat Uw gerichten de gerechtigheid zijn, en dat Gij mij uit getrouwheid verdrukt hebt.
Laat toch Uw goedertierenheid zijn om mij te troosten, naar Uw toezegging aan Uw knecht.
Laat mij Uw barmhartigheden overkomen, opdat ik leve, want Uw wet is al mijn vermaking.
Laat de hovaardigen beschaamd worden, omdat zij mij met leugen nedergestoten hebben; doch ik betracht Uw geboden.
Laat hen tot mij keren, die U vrezen, en die Uw getuigenissen kennen.
Laat mijn hart oprecht zijn tot Uw inzettingen, opdat ik niet beschaamd worde.
Mijn ziel is bezweken van verlangen naar Uw heil; op Uw woord heb ik gehoopt.
Mijn ogen zijn bezweken van verlangen naar Uw toezegging, terwijl ik zeide: Wanneer zult Gij mij vertroosten?
Want ik ben geworden als een lederen zak in den rook; doch Uw inzettingen heb ik niet vergeten.
Hoe vele zullen de dagen Uws knechts zijn? Wanneer zult Gij recht doen over mijn vervolgers?
De hovaardigen hebben mij putten gegraven, hetwelk niet is naar Uw wet.
Al Uw geboden zijn waarheid; zij vervolgen mij met leugen, help mij.
Zij hebben mij bijna vernietigd op de Aarde, maar ik heb Uw bevelen niet verlaten.
Maak mij levend naar Uw goedertierenheid, dan zal ik de getuigenis Uws monds onderhouden.

O Eeuwige Koning! Uw woord bestaat in der eeuwigheid in de hemelen.
Uw getrouwheid is van geslacht tot geslacht; Gij hebt de Aarde vastgemaakt, en zij blijft staan;
Naar Uw verordeningen blijven zij nog heden staan, want zij allen zijn Uw knechten.
Indien Uw wet niet ware geweest al mijn vermaking, ik ware in mijn druk al lang vergaan.
Ik zal Uw bevelen in der eeuwigheid niet vergeten, want door dezelve hebt Gij mij levend gemaakt.
Ik ben Uw, behoud mij, want ik heb Uw bevelen gezocht.
De goddelozen hebben op mij gewacht, om mij te doen vergaan; ik neem acht op Uw getuigenissen.
In alle volmaaktheid heb ik een einde gezien; maar Uw gebod is zeer wijd.
Hoe lief heb ik Uw wet! Zij is mijn betrachting den gansen dag.
Zij maakt mij door Uw geboden wijzer, dan mijn vijanden zijn, want zij is in eeuwigheid bij mij.
Ik ben verstandiger dan al mijn leraars, omdat Uw getuigenissen mijn betrachting zijn.
Ik ben voorzichtiger dan de ouden, omdat ik Uw bevelen bewaard heb.
Ik heb mijn voeten geweerd van alle kwade paden, opdat ik Uw woord zou onderhouden.
Ik ben niet geweken van Uw rechten, want Gij hebt mij geleerd.
Hoe zoet zijn Uw redenen mijn gehemelte geweest, meer dan honig mijn mond!
Uit Uw bevelen krijg ik verstand, daarom haat ik alle leugenpaden.
Uw woord is een lamp voor mijn voet, en een licht voor mijn pad.
Ik heb gezworen, en zal het bevestigen, dat ik onderhouden zal de rechten Uwer gerechtigheid.
Ik ben gans zeer verdrukt, EEUWIGE KONING! maak mij levend naar Uw woord.
Laat U toch, o Eeuwige Koning, welgevallen de vrijwillige offeranden mijns monds, en leer mij Uw wetten.

Verlos mij uit mijn verwarring, Heer, want het kan toch niet zijn, dat mijn duivelse jong straks aan de zijde van zuivere zielen het vonnis zal voltrekken?

Toen het ochtend werd ging ik met de opgaande zon in mijn rug op pad naar Jeruzalem. Al snel werd het warm en ik zocht een verkoelende wind op de heuveltoppen, maar het was nog te vroeg: de verkoelende wind stak pas aan het einde van de middag op. Ik liep in een rechte lijn naar het westen en liet me door niets van die lijn afleiden. Een kudde dromedarissen werd agressief toen ik haar doorkruiste dus bood ik haar mijn verontschuldigingen aan en liep ik snel door. Bij een groepje struiken tussen steile hellingen stonden wat geiten bij een natte stenen trog. Vanuit de rotswand kwam een jongetje met een leren emmer vol water. Een teken? Er was daar een cistern. Het ventje keek me wantrouwig aan. "Vrede met je", wenste ik hem toe en ik glimlachte erbij. Het jongetje glimlachte niet terug, maar bukte zich en raapte een steen op. "Blijf uit mijn buurt!", beval hij me, "Als mijn geiten dit water ophebben, ga ik weg. Dan pas kun jij drinken." Hij was bang voor mij, de vreemdeling. "Vrees mij niet, mijn kind", zei ik kalmerend, "ik wil je water niet en ik zal jou noch je geiten kwaaddoen. Ik ben een engel op doorreis…" Hij trok zijn wenkbrauwen op en riep uit: "Donder op!" en als blijk van minachting lite hij de steen vallen uit zijn hand en wendde hij zich van mij af en goot het water in de trog. Het was een brutaal kereltje! Maar wie weet wat hij allemaal had meegemaakt in de wildernis… "Kijk maar eens naar mij…", zei ik zacht en met een kloek gebaar ontvouwde ik twee stralendwitte vleugels, opdat hij mij geloven zou. Hij keek om en rende gillend weg: "Abóe! Abóe!" Ik kon voor hem springen en hem tegenhouden, maar dat zou geweld zijn. Ik kon wachten tot zijn vader kwam, en dan? Ik was slechts op doorreis en bracht geen tijding. Terwijl ik mij naar het pad van het vluchtende jongetje verplaatste, vouwde ik mijn vleugels. Ik stelde mij op enige afstand voor hem op en riep hem toe: "Hou stil! Ik zal vertrekken! Ga terug naar je vee: laat het niet onbeschermd achter! Ik ga al!" Het ventje stopte abrupt, graaide stenen bijeen en begon die naar mij te gooien. Hij gooide verbazend ver. Ik verplaatste me uit zijn zicht en vervolgde daarop mijn voetreis. Zeker, ik had mij ook in een oogwenk naar Jeruzalem kunnen verplaatsen, maar ik wilde een pelgrim zijn.

Bij de muur kwam een man naar me toe en vroeg om geld. Ik gaf hem. Dan kwam een tweede, die ook vroeg en ook ontving. Weer kwam een man naar me toe, een jongere man. Deze vroeg geen geld: hij stelde zich voor als rabbijn en opperde, dat wij samen zouden bidden en hij keek mij daarbij warm en oprecht aan. Ik doorgrondde hem en zei: "Jij bent een waterman, Sjaltiël." Geschrokken doet hij een stap terug: "Hoe weet u dat?! En hoe kent u mijn naam?!" Om te voorkomen dat ook hij zou vluchten, vatte ik hem bij de bovenarm. "Ik ben speciaal voor jou gekomen, Sjaltiël. Van verder dan ver ben ik gekomen om je te halen." De jonge man werd slap in de knieën. Ik leidde hem naar een van de vele plastic stoelen en deed hem neerzitten. Zelf nam ik plaats naast hem. Ontdaan slikte hij en prevelde hij het Sjemá, waaruit ik opmaakte dat hij begreep dat ik een engel des doods was. "O alstublieft, neem mij nog niet mee!", smeekte hij, "ik heb een vrouw en twee kleine kinderen: wat zal er van hen terechtkomen?" Daarop omvatte ik zijn onderarm en stelde hem enigszins gerust: "Je krijgt nog respijt, jonge vriend, en het zal je gezin nooit meer aan iets ontbreken, want ik zal voor hen zorgen." Hij huilde en smeekte mij om zijn leven: "Laat mij leven tenminste tot mijn kinderen volwassen zijn, Heer! Wat moeten zij zonder hun ábba?! En mijn vrouw? Haar verdriet! Moet die dan maar hertrouwen met een ander?!" Hij kwam uit een goed nest: alle mannen in zijn familie waren rabbijnen en alle vrouwen goede moeders. Zijn weduw zou met liefde worden omgeven. "Ik schenk je nog acht dagen en dan zul je sterven na het uitgaan van de sjabát. Neem afscheid van al wie je dierbaar is. Vraag je vrouw een lot te kopen voor de grote prijs, dan zal zij genoeg winnen om financieel onafhankelijk te zijn." Hij schudde mijn hand wanhopig af: "Wij doen niet mee aan loterijen: wij vertrouwen op de Eeuwige! Mijn vrouw zal geen lot willen kopen…"

"Dan vraag het haar niet, maar beveel het haar. Het is namens de Eeuwige dat ik dit zeg. Zij zal gehoorzamen, dat staat vast." Huilend draaide de jonge rabbijn zich naar mij toe en greep mijn beide handen: "Ik zal zelf dat lot wel kopen, Heer… Maar kunt u mij niet overslaan?" Hoofdschuddend antwoordde ik hem, dat zijn vrouw zelf het winnend lot moest kopen omdat de verloting pas na zijn dood zou geschieden: zo zou de prijs geheel van haar zijn en zou niemand anders op de gelden aanspraak kunnen maken. Hij liet mijn handen los en droogde zijn ogen. Daarna rechtte hij zijn rug en zuchtte diep. Hij hief zijn blik en keek mij aan en concludeerde: "Het is dus onafwendbaar…" Ik knikte en droeg hem verder nog op, zijn vrouw voorzichtig te vertellen. Zij moesten samen alles in gereedheid brengen. De jonge rabbijn had zijn blik afgewend maar keek plotseling weer op: "Heer! Kunnen zij niet met mij mee?!" Snel deed ik hem zwijgen. Boosheid dreigde mij te scherp doen reageren. Na een pauze van enkele ogenblikken zei ik, dat alleen voor hem de tijd gekomen was. Tot slot zei ik hem, dat zijn vrouw en kinderen de wederopbouw van de Tempel zouden aanschouwen, en dat zijn zonen weer zouden offeren. Dat vooruitzicht schonk hem verlichting.

Ik bracht mijn rechterhand naar een zak van mijn gewaad en gaf hem geld. "Ga naar huis en maak sjabát. Spreek hierover niet met je vrouw tot morgenavond drie sterren zichtbaar zijn. Hou haar dan in je armen en spreek met zachte woorden. Ik zal een teken aan haar doen: haar maandelijkse bloeding zal deze week niet komen en jullie zullen elke nacht samen kunnen slapen en elkaar alle dagen mogen aanraken tot steun. Tenslotte zal ik komen in het duister en je vergezellen: je zult niet alleen zijn in je dood. Ga nu en doe inkopen voor het maal. Ga in vrede!"

Zelf bleef ik zitten en twee mannen kwamen naar me toe: "Wilt u ons wat geld geven voor sjabbes? Wij zijn arm en hebben grote gezinnen. Het is een grote mitswe!" Ik weigerde door te zeggen: "Ik heb al genoeg gegeven." De oudste van de twee was niet de wijste. Hij riep met gespeelde verbazing: "Genoeg?! Genoeg gegeven?! Zolang reb jid meer heeft dan een ander heeft hij toch niet genoeg gegeven?! Kom, meneer, geef ons van uw geld: u heeft vast nog genoeg in uw zakken. Geef ons vijftig sjékkel, of nee: geef ons slechts veertig, maar geef verdorie! Zo gedraagt een jid zich toch niet!!" Ze stonden heel dicht bij me, zelfs licht over me heen gebogen. Een onschuldige jid zou door hen zo vast afdoende geïntimideerd zijn en zijn zakken in hun handen ledigen: zij waren geen bedelaars maar rovers! Hun brutaliteit was een reden hen te verdelgen, maar ik had die middag eigenlijk al een slachtoffer gemaakt... Ik beloot mij te beperken tot een mondelinge terechtwijzing:

"Jullie zijn als eieren met twee punten. Een goed ei heeft een punt en een ronde kant, en evenzo de Jood: de ronde kant is de schaamte die de Jood voelt voor het aangezicht God's, de punt is de chótspe – de onbeschaamdheid - die de Joden eigen is. Jij bent als een ei met twee punten en jij ook!

Een goede Jood heeft een punt, opdat hij de moed zal hebben op te komen tegen al degenen die hem van de wegen van de Eeuwige willen afleiden, en hij heeft een ronde kant, zodat hij beseffen zal, dat de Eeuwige hem ziet, zodat hij enkel goed zal willen doen. Maar jullie? Jullie zijn eieren met twee punten! Slechte Joden, die zich niet 'Joden' mogen noemen: het is een eretitel die jullie niet waard zijn! Scheer je weg van mij en ontheilig niet langer deze plek!GA HEEN!"

Mijn woedende stemverheffing verrastte hen en zij stapten achteruit, maar inkeer zag ik niet op hun gezichten, eerder spot. Daarom stond ik op en vergrootte ik mij tot ik als een reus boven hen uit torende en toen vreesden zij mij en stapten zij nog verder van mij weg. Alle andere bezoekers merkten ons op en hun ontzetting was groot. Goed dan, nóg een teken voor de vrouw van Sjaltiël: ik toonde wijd mijn vleugels en sloeg hen uit en vloog op tot boven de Muur. Honderden Joden zagen mij dit doen en zij schreeuwden en toen ik over de Tempelberg vloog, zagen ook honderden moslims mij. Zij vielen op hun knieën en dat deed mij goed.

Acht dagen later bezocht ik een vrome buurt in West-Jeruzalem. Daar verscheen ik aan Sjaltiël, in bijzijn van zijn vrouw. Ik was in vol ornaat: in Hemels gewaad en met stralenkrans. Het was na middernacht en ik verscheen in het duister maar mijn licht was helder. Mijn stem was zacht maar hoorbaar in de woningen van alle buren. Elke deur in het trappenhuis ging open en er was gestommel op de trappen.

"In de Naam van de Schepper van het al, de God van de schepping, de Koning van Israèl, neem ik jou Sjaltiël Meïr ha-Kohén weg van Aarde en op naar de Hemelen. Jij zult dienen in de Heerschaar van de Eeuwige en de komst van de Masjíeach bereiden. Jij zult de eerste steen van de Tempel onthullen en daarop zal de Derde Tempel worden gebouwd. Je zonen zullen waarlijk priesters zijn in Het Huis en de Eeuwige zal wonen temidden van het volk Israèl. Hoor toch Israèl: De Eeuwige is jullie God, kom toch tot inkeer!" Na deze woorden deed ik Sjaltiël liggen op zijn bed. Zijn vrouw kroop naast hem in mijn licht. Ik vervulde de woning en deed alle ramen en deuren opengaan. De buren dromden vol ontzag binnen. Mijn licht scheen door de ramen in brede bundels en verlichtte de straten van Jeruzalem. Alles en iedereen zweeg. In stilte loste ik de ziel uit het lichaam en ik droeg haar op mijn handen. Zo, voor de ogen van het verzamelde volk, stierf mijn waterman.

De waterman regeert de enkels van de strijder

Waarom loog U mij voor?

Heer, heb ik U teleurgesteld? Meent U dat U mij niet moogt vertrouwen? U sprak mij van zielen geboren op Aarde die de wapenen zouden opnemen tegen al dat kwaad is in de ogen van de Eeuwige. Maar Uw dochters, Heer, laten nu in de Hemelen kolders weven en zwaarden smeden. Wie op Aarde zal er een Hemels zwaard kunnen voeren?!

Al dat ooit voorgevallen is, staat geschreven in Uw hand, en al dat geschieden zal, is U reeds bekend gemaakt. Waarom dan, Heer, mij onwaarheid voorgespiegeld?! Zeg mij wat ik heb misdaan, Heer: toe, verklaar mij mijn schuld!

Mijn trouw is groot en ik zal U dienen ook indien U mij minacht. Maar de wond die U schoot in mijn hart zal nimmer helen, Heer, en mijn tranen zullen voor immer rond Uw voeten liggen. Weswege loog U mij voor?! Laat mij boeten voor mijn falen en zo Uw gunst opnieuw verwerven!

Dienst aan U is toch mijn enige verlangen?

Ozeer en Toevíe-Jah gingen naar binnen bij Ragoe´él de herbergier en deze ontving hen met blij gemoed.

Ragoe´él keek opmerkzaam naar Toevíe-Jah en hij riep zijn vrouw Jaèl toe: "Zie je hoe deze jongen op mijn familie lijkt?"

En toen vroeg hij: "Vanwaar komen de jonge broeders?"

Zij zeiden: "Wij zijn van de stam Naftalíe, van de gevangenen te Ninevé."

Daarop vroeg Ragoe´él: "Kennen jullie dan Toevíe mijn broeder?" En zij zeiden: "Wij kennen hem?"

Ragoe´él vertelde veel goeds over Toevíe en toen zei de engel: "De Toevíe over wie je spreekt is de vader van deze jongeman."

Ragoe´él stapte op Toevíe-Jah af en kuste hem in tranen en omhelsde hem wenend en zei: "Gezegend ben je, mijn zoon, want je bent de zoon van een goed en meest deugdzaam man!"

Jaèl zijn vrouw weende en hun dochter Saráh weende.

Terwijl zij spraken en elkaar van alles vertelden, gaf Ragoe´él opdracht een schaap te slachten en een feestmaal te bereiden. Toen hij hen uitnodigde aan te zitten

Zei Toevíe-Jah: "Ik zal vandaag niet eten noch drinken, tenzij u mij mijn verzoek inwilligt en mij uw dochter Saráh als vrouw belooft.

Ragoe´él schrok hevig, want hij wist immers wat die zeven echtgenoten was overkomen, die geprobeerd hadden Saráh te nemen. Hij vreesde dat Toevíe-Jah hetzelfde lot beschoren was. Hij was zo gespannen dat hij niet antwoordde op Toevíe-Jah's verzoek.

De engel sprak hem daarom kalmerend toe: "Wees niet bang haar aan deze man te geven: hij is de Godvrezende voor wie zij bestemd is. Daarom konden de anderen haar niet bezitten."

Toen zei Ragoe´él: "Dan is het zonder twijfel dat de Eeuwige mijn gebeden heeft gehoord en tot tranen toe geraakt werd. Ik geloof met heel mijn hart dat hij jullie daarom hierheen gezonden heeft, opdat deze maagd met een van haar eigen soort zal trouwen, volgens de wet van Mosjé. Wees nu zeker dat ik haar aan jou zal geven, mijn neef."

Hij nam de rechterhand van zijn dochter en legde die in de rechterhand van Toevíe-Jah en zei op zangerige toon: "De God van Avrahám, de God van Jitschák en de God van Ja'akóv, moge Hij met jullie zijn en moge hij jullie verenigen. Moge Hij zijn zegening door jullie vervullen." Zij namen een vel papyrus en beschreven het huwelijk. Daarna feestten zij in grote vreugde en dankten God keer op keer.

Ragoe´él riep zijn vrouw Jaèl bij zich en verzocht haar een kamer in gereedheid te brengen. En Jaèl bracht Saráh haar dochter daar binnen en weende. En zij zei tot Saráh: "Verheug je, mijn dochter, want de Heer van de Hemelen geeft je nu vreugde na alle ellende die jij hebt doorstaan!"

De Leeuw

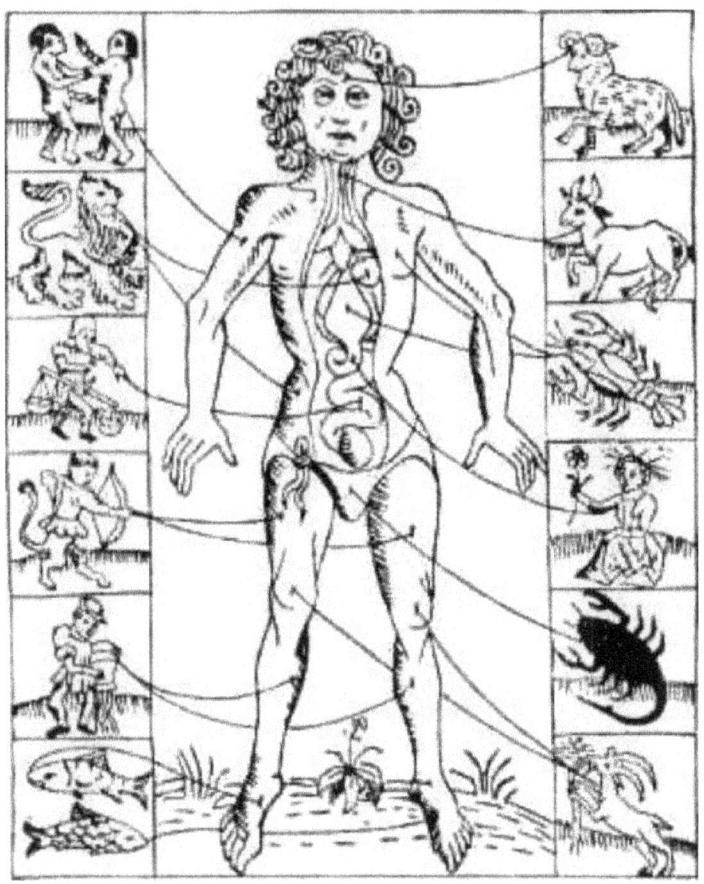

Schreeuw, het zal niet helpen
Huil, het deert geen god
Smijt en je zult niets breken
Kijk en je zult niets zien

Adem, zul je dan leven?
Beweeg, zul je zo vooruit komen?
Alle zin is nutteloos
Alle oprechtheid niets dan spel

Als de zon niet schijnt
Brandt dan de maan?
Wat jij niet doet
Zal niet gebeuren
Wat jij niet bedenkt
Zal nooit verwacht worden

In het Binnenste van het Heiligste bevond ik mij. Het Licht van de Eeuwige omgaf en doorstraalde mij. De warmte was weldadig. Naast de troon van de Allerhoogste zat ik op mijn schrijfstoel en ik riep Ozeer tot mij.

"Mijn engel, mijn helper, breng mij nu een ziel die in en voor het heden leeft en zich tot het uiterste geeft. Een trotse sterke ziel die voor de troepen uit loopt. Zij zal het teken geven en de strijdkreet doen schallen. Zij zal als eerste houwen met het gierend zwaard."

"Heer…", zei toen mijn engel, "ik heb het moeilijk met uw opdrachten. U stuurt mij er op uit om slachters te vinden. Zo word ik medeplichtig aan de slachting die u onder de mens wilt aanrichten! Heer, dit valt mij vreselijk zwaar…."

"Mijn engel", antwoordde ik met opgetrokken wenkbrauwen, "aanvankelijk was je weerstand gericht tegen het feit dat niet engelen zouden slachten. Nu dan ben je geheel tegen de slacht?!"

Ozeer boog het hoofd. "Het is mijn zoektocht naar uw zielen, die mij week maakte, Heer. Het is niet dat ik het besluit van de Allerhoogste aanvecht, maar die mensen daar beneden zijn zielen als de zielen die ik u uitverkies. De slechten onder hen hebben een keer een verkeerde keuze gemaakt en zijn daarna op het verkeerde pad voortgegaan, maar dat maakt hen niet tot duivels die met vuur en zwaard moeten worden bestreden…."

"Mijn helper, je trekt nu dus toch een besluit van de Eeuwige in twijfel!"

"Nee, Heer, dat is mij niet geoorloofd! Maar ik vrees dat het oordeel te algemeen zal zijn, te snel en te oppervlakkig. Van de Allerhoogste verwachtte ik een persoonlijk oordeel over ieder individueel mens. En chéssed – barmhartigheid!"

"Wees dan gerust, mijn dwaze engel: de zielen die gaan slaan, weten hoe het is mens te zijn temidden van mensen, hoe het is voor korte tijd te leven op Aarde. Zij zullen de mensen één voor één beoordelen en in rechtvaardigheid en met mededogen besluiten. Juist dáárom wil ik een leger van zielen en niet van engelen. Immers, de engelen oordelen naar de maatstaven van de Hemelen! Maar er zijn maar weinig mensen vrij van zonden…."

Mijn engel zuchtte en hief zijn ogen en zijn gezicht en keek onderdanig naar mij op. "Heer, ik ben u trouw. Maar misschien ben ik dan niet langer een goede engel, want ik oordeel nu niet langer hard vanuit de hoogte." Daarop verhief ik mij van mijn zetel en noodde hem in mijn armen. "Het siert je, mijn engel: genade is van God! De ogen der Waarheid kijken altijd toe. Of je nu gelooft of twijfelt, of je nu inziet of niet begrijpt: dit heelal draait om rechtvaardigheid."

De Eeuwige sprak tot mij en zei: "Van Saráh tot vandaag... nee: van Cháváh tot vandaag heb ik genade boven recht gesteld, maar niet meer!"
Ik wierp Hem voor: "Maar wat nu als onze heerschaar komt met vlammende zwaarden waarvan het bloed afdruipt en de mens knielt en toont berouw en smeekt om genade?"
De Eeuwige zei daarop: "Tranen bij het zien van het geheven zwaard, zijn tranen van angst en verdriet: dat is geen berouw. Dus zal er geen genade verleend worden! Dit is Mijn wil!"

Mijn helper leidde mij een middeleeuwse stad binnen. De wachters aan de poort wendden hun blikken af. Wij kwamen voor Eel'azár, chassíed Asjkenáz, eerst chazán van Erfurt en toen rabbijn van Worms. Wie is in staat hem afdoende te prijzen? En wie zal niet huilen om zijn lijden?
In de avond van 22 Kieslév 4957 – 15 november 1196, drong het katholieke gepeupel dat op kruistocht zou gaan, zijn huis binnen en vermoordde zijn vrouw en zijn drie kinderen. Ik zag het onheil gebeuren, maar ik keek toe en kon niet ingrijpen, wat het was alles al verleden tijd. Op dat uur was Eel'azár in het leerhuis diep verzonken in zijn commentaar op de siedrá Va-jesjéév. Na de moord op zijn gezin ving hij niet aan te zwelgen in verdriet en hij verloor niet zijn verstand. Hij leefde nog tweeënveertig jaar en leidde zijn volk als groot leraar van Talmóed en Kabbalá.
Eel'azár ben Jehoedá ben Kalonymus was een geleerde Torácommentator, een gelovig dichter en een astronoom, maar ook een vernieuwende mekoebál. Hij mediteerde zonder vrees en ontmoette engelen en demonen zonder tal. Hij leerde van die en van deze en was in staat tot het verrichten van wonderen, maar hij was spaarzaam in zijn handelen en gul in zijn onderwijs. Bovenal was hij geduldig en vol vergiffenis en gaf hij tijd en aandacht aan de minste ziel. Vol van vreugde en overvloeiend van liefde stierf hij, zo schreven zijn getuigen.
Ozeer hield de ziel bij haar linkerhand en bracht haar zo voor mijn zetel. Het was mij een eer deze grootse ziel te ontmoeten. Ik zei haar echter, dat zij tijdens dat leven veel kostbare tijd had verspild: het zoeken naar antwoorden leidt tot niets. Zoeken naar vragen moet je: dan pas kom je tot inzicht! Of je gelooft of twijfelt, maakt niets uit: de Eeuwige bestaat toch wel. Of je nu wel of niet je vragen begrijpt en of je nu wel of niet de antwoorden weet te benutten voor nieuwe vragen, maakt voor de Waarheid niets uit: zij zal er altijd zijn.

Maakt lang haar de vrouwen mooier?
Is een ei ook nog een ei zónder dooier?
En is een vrouw te huur geen hoer meer zónder pooier?
Zou het ooit gezegd wezen:
in elke bibliotheek mag je lezen,
maar liever niet in deze?
Moet een jid nu echt sjókelen tijdens het dávenen?
Zou de Almachtige zich daar nu echt aan laven en
zou Satán zijn minachting daar niet mee staven en...
ons daarmee uiteindelijk overwinnen?
Waarom heeft een kubus zes zijden?
Kan het niet zo zijn, dat in vroegere tijden
de wagens op kubussen konden rijden?
En waarom moeten molens almaar draaien?
Waarom zouden wieken niet heen en weer zwaaien?
En waarom willen winden steeds verwaaien?
Niemand hoeft alle vragen
als een drukkende set van loden kragen in eenzaamheid te dragen:
stèl je vragen!
aan om het even wie

De ziel vroeg mij bedremmeld: "Bent u de Heilige-gezegend-is-Hij?" Met grote stelligheid wist ik te zeggen: "In de verste verte niet!!" Ik was verontwaardigd, maar zonder recht: waar ik zat zo op mijn troon, moest ik wel op Hem gelijken. Toen vroeg de ziel: "Bent u dan de Satán..?" Och arme...! Dat ontkende ik in zachtheid: zij had niets te vrezen van mij. Bedrukt wierp de ziel tegen: "Maar eigenlijk verdíen ik het wel om in de klauwen van de Satán te vallen: ik heb veel slechtigheid op mijn geweten!" De slechtigheid van rabbi Eel'azár.... Hoofdschuddend vroeg ik: "Is er ooit een ziel rein teruggekeerd van Aarde?" De ziel keek mij geschokt aan: "Toch minstens de zielen van de kinderen?! Of toch minstens de zielen van de ongebóren kinderen?!" Ook die niet: wie op de Aarde is afgedaald, is besmet met het aardse. De ziel vergat haar ontzag voor mij: "Maar dat is heiligschennis! En Avrahám dan?! Met wie de Eeuwige een verbond sloot?! Noe, al émmes!" De waarheid is, dat Avrahám loog tegen de farao, waarop die zich bijna vergreep aan Saráh: schuldig en onrein was ook Avrahám... De ziel was haar moed al weer verloren: "Als het leven de ziel onweerhoudbaar onrein maakt... waarom dan nog leven?! Waarom dan niet in de hemel gebleven?" Het is God's wil, dat de zielen de Aarde heiligen. "Maar de zielen slagen daar niet in! En ondertussen veroorzaken zij lijden en ellende!" Maar de wereld wordt wel langzaam beter. De volksdemocratie is uitgevonden, er is ontwikkelingshulp voor behoeftige economieën, er is een internationale en supernationale troepenmacht die vrede kan opleggen... Wij moeten niet kijken alleen naar wat er nog mis is, maar ook naar wat er al verbeterde. Het zal ons dan misschien niet gegeven zijn het werk te volbrengen, maar het is wel aan ons ons deel te verrichten. Ook het Huis van Gebed werd gebouwd van losse stenen.

Ziet hoe goed het is en hoe liefelijk, dat wij als broeders samenwonen. Het is, gelijk de kostelijke olie op het hoofd, nederdalende op den baard, den baard van Aharón, die nederdaalt tot op den zoom zijner klederen. Het is gelijk de dauw op de Chermón, en die nederdaalt op de bergen van Tsíe'on, want de Eeuwige gebiedt aldaar den zegen en het leven tot in der eeuwigheid.

De leeuw regeert hart en bloed van de strijder

De mannen besloten de maaltijd met de wijding van wijn en met het dankgebed:

"Gezegend bent u, Eeuwige, onze God, Koning der Wereld, die de hele wereld voedt, op aangename wijze en met genade en met mededogen. Hij geeft voedsel aan alle wezens want Zijn genade is voor altijd. En dankzij Zijn grote goedheid komen wij nooit iets tekort en zullen wij ook nooit voedsel tekort komen. Wij prijzen Zijn grote Naam, want Hij is een God die alles voedt en onderhoudt, en iedereen goed doet en voedsel bereidt voor alle zijn schepselen die Hij heeft geschapen. Gezegend bent u Eeuwige, die alles voedt."

De bruid was gereed en haar vader en de engel brachten de jongeman bij haar. Toevíe-Jah herinnerde zich al dat Azár-Jah had gezegd en uit zijn tas haalde hij een stuk van de lever en legde het op de brandende kolen. Ásjmedai kwam en werd verdreven door de rook. Ásjmedai kwam weerom en werd verjaagd door de rook. Ásjmedai stampte rond de herberg en doodde al wie er in zijn weg kwam. Hij beet en sneed, hij kopte en schopte, hij vloekte en tierde en spuugde brand naar alle kanten. De engel achtervolgde hem tot in Egypte en bond hem daar voor eeuwig vast. Daarop maande Toevíe-Jah de maagd en zei tot haar: "Saráh, sta op en bid met mij tot de Almachtige vandaag, en ook morgen en dan de volgende dag nog, want deze drie nachten zullen wij in gemeenschap zijn met Hem, en wanneer de derde nacht zal zijn verstreken, zullen wij tweeën paren. Dit is omdat wij de kinderen van heiligen zijn en wij zullen ons niet verenigen zoals de heidenen dat doen: zij die de Koning niet kennen."

Zij stonden samen en baden oprecht dat gezondheid hun deel zou zijn, en Toevíe-Jah zei: "Heer, God van onze vaderen, mogen de Hemelen en de Aarde, de zee en de spuitenden bronnen, de rivieren en al wat in hen wemelt, U prijzen en zegenen. U schiep Adám uit het slijk der Aarde en gaf hem Chavá als zijn tegenpolige helpster. Weet, o Heer, en U weet het, dat ik niet uit vleselijke lust mijn zuster hier tot vrouw zal nemen, maar enkel uit liefde voor mijn nageslacht, waardoor Uw Naam gezegend zal worden, voor nu en voor altijd." En Saráh zei: "Heb mededogen met ons, o Heer, en wees ons genadig, en laat ons samen oud worden in gezondheid."

Toen in de morgen de haan kraaide, liet Ragoe'él zijn mannelijke bedienden roepen en hij nam hen mee om een graf te bereiden. Zo sprak hij: "Voor het geval de jongeman hetzelfde is overkomen als de eerdere zeven echtgenoten, die ingingen tot haar." En nadat zij de kuil gegraven hadden, ging Ragoe'él terug naar zijn vrouw en droeg haar op: "Stuur een van je meiden om te kijken of hij dood is. Dan kan ik hem begraven nog voor het licht wordt." Zij stuurde een van haar bediendes, en die ging de kamer binnen en trof hen gezond en wel, vredig slapend naast elkaar. Gehaast bracht de meid het goede nieuws en Ragoe´él en zijn vrouw Jaèl prezen de Heer der Heerscharen, de Almachtige geprezen is Hij!

"Wij zegenen u, o koning, God van Israèl, want er geschiedde niet hetgeen wij vreesden! Want u bent ons genadig geweest en u heeft de vijand die ons vervolgde buiten gehouden. En u heeft mededogen betoond aan twee enige kinderen. Maak dat zij u nog meer zegenen zullen, dat zij een offer zullen brengen tot uw lof, en omwille van hun gezondheid, opdat alle volkeren zullen weten, dat u alleen God bent, God over de hele Aarde."

Meteen gaf Ragoe´él zijn bediendes opdracht de kuil te dichten, voor het dag zou worden. Hij besprak met zijn vrouw hoe zij een feestmaal zou bereiden, alsook proviand voor hen die op een verre reis gaan. Hij liet ook twee runderen en vier kalveren slachten en liet een banket aanrichten voor al zijn buren en al zijn vrienden.

Ragoe´él overreedde Toevíe-Jah twee weken bij hem te verblijven en van al zijn eigendommen schonk hij hem de helft en hij gaf hem in schrift, dat de andere helft Toevíe-Jah's erfdeel zou zijn, tot honderdentwintig jaar.

Weggeweest

Ik overzwom, en ook bedwong, de zee
Verliet mijn dorp, verliet mijn vrouw en stee.
De wolken grijs en het water zwart
De boosheid van de oceaan sloeg mij om 't hart.

Een vogel kwam, en ging, en keerde terug
Zij landde naast mij en bood mij gul haar rug.
Ik dacht aan Jona in de maag
De vis had gehoorzaamd, maar die vogel gooide mij wellicht omlaag?

Ik overzwom, en ook bedwong, de zee
Hervond mijn dorp, maar het was te lang gelee'
Mijn vrouw was met mijn broer getrouwd
En mijn huis door nieuwe bewoners verbouwd.

Ik was terug, maar ik was ook nergens

De Schorpioen

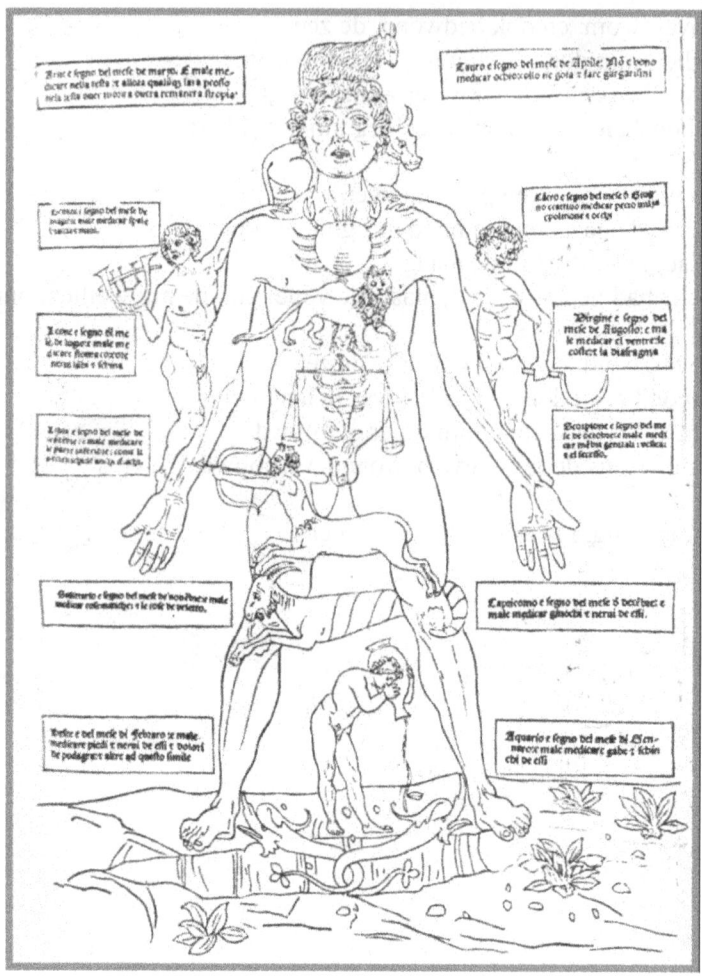

Lager kan zelfs een engel niet geraken
Zelfs niet naar God's bevel
Maar ik, hoe onmachtig verder ook,
Kan dit wel
Er is een Hemel
En de Aarde is de hel.

Bid en zing in je verheugen
Of scheur je kleren in rouw
Buig voor de Eeuwige
Of vervloek Hem maar:
Het is alles dienst aan Hem

Hij is de opperste Goedheid
En Hij schiep het kwaad
Opdat er evenwicht zou zijn
Maar de mens liet de weegschaal doorslaan
Uit vrije wil of uit ingebakken zwakheid

Naar een ziel die bevlogen is zonder dat luid te roepen, verlangde ik. Een ziel ook, die het kwaad kent en anderen kan waarschuwen. Een ziel die geen tijd kent en belemmeringen overwint. Zij zal de zorg verdelen waar zij behoefte verwacht.

Mijn trouwe helper zocht niet lang: hij bracht mij Náchman. Wie was Náchman? De kleinzoon van de Meester van de Naam! Na-Nach-Náchman: Náchman van Oemán!

"Iedereen heeft zo zijn ideeën over hoe men leven moet, maar van de meesten zijn de ideeën niet zo goed... Vraag geen adviezen aan verdorven mensen: zij verkrachten de Waarheid en hun raad is die van de Slang. Wie hun advies opvolgt, zal in uitwerpselen slapen. Heb niets met hen van doen! Verbind je aan een ware Rechtvaardige: vind een tsadíek en ontvang het zaad van de Waarheid. Dan zul je het Verbond met de eeuwige Koning van Israël in zuiverheid kunnen houden. Alleen wie luistert naar de Rechtvaardigen en desondanks ellende vindt, zal weten dat het van de Eeuwige is.

Roep met heel je hart en je zult leiding krijgen. Roep Hem aan vanuit het diepste van je hart, dan zal de duisternis versplinteren, dan zul je het volmaakte geloof genieten. Zo zul je heling in de wereld brengen en zegevierende goedheid op heel de Aarde.

Teveel verstandelijk gedoe kan schadelijk zijn, vooral als het ontaardt in gefilosofeer en veronderstellingen. De fundering voor werkelijke wijsheid bestaat uit een sterk hart en een sterk karakter, en die verkrijg je door goede daden. Een persoon wiens intelligentie groter is dan zijn praktische resultaten, zal niet de kracht hebben zijn intellect binnen de noodzakelijke grenzen te houden, en hij zal zich bezondigen en met zijn zwakke moraal velen verwarren. Hij zal beledigingen richten tot de Wijzen en de Rechtvaardigen die hen volgen, en verwensingen opwerpen naar de Hemelen en de heilige Torá in twijfel brengen. Moge de Eeuwige in zijn barmhartigheid het overblijfsel van zijn volk Israël onder Zijn vleugels nemen en beschermen!

Niet alles kan de mens doorgronden: van een aantal vragen ligt de oorsprong in de Lege Ruimte – ha-chalál ha-panóei- dat wil zeggen: buiten de grenzen van het geschapene. De filosofieën van de volkeren kunnen die vragen niet beantwoorden en allen die zich in deze verdiepen, zullen voor eeuwig verloren gaan. Israèl heeft zuiver geloof in de Schepper: Israèl leeft voorbij alle filosofieën en hun verwarringen. 'Voorbij' is 'évver' en de leden van ons volk heten 'ivríem', omdat wij alle speculaties en verklaringen en rechtvaardigingen voorbij zijn. Wij hebben een geloof dat boven alle filosofieën staat en dus houden wij ons niet onledig met veronderstellingen aangaande de waarheid. Wij kennen haar: wij hebben haar ontvangen van onze voorouders, gezegend zij hun nagedachtenis!"

Rabbi Náchman van Oemán was de zoon van Feiġe, die de dochter was van Adíel, die de dochter was van rabbijn Jisró'el ben Elíe'ézzer, die 'de goede Meester van de Naam' wordt genoemd, de 'Bá'al Sjeem Tov', want hij kende God's heilige Naam en verrichtte wonderen. Zo sprak rabbi Nachman: "Als je morgen geen beter mens zult zijn dan vandaag, waarvoor heb je morgen dan nodig?" En ook zei rabbi Nachman: "Wat zal de Eeuwige doen met onze broeders en zusters die alleen nog in materialistische theorieën geloven? Die menen, dat er alleen maar een wet van oorzaak en gevolg is, die het leven beheerst? Veel Joodse zielen zijn daar in verzonken, wanneer zal de God van Israël zijn volk van priesters verlossen uit de poten van het serpent?"

Ik knikte de goede ziel toe: "Wanneer zal nu **eindelijk** de Koning zijn volk bevrijden! ….ja, ook ik weet dat niet, reb Nachman: alleen aan de Alwetende is het bekend wanneer de Almachtige zijn arm zal strekken." Rabbi Nachman was verbaasd dat de machtige Metatron de plannen van God niet kende, maar ik wist wel wát de Eeuwige voornemens was, maar niet wanneer!

"Reb Nachman", zei ik, "u stond bekend als betrokken bij het welzijn van uw leerlingen, en bij het welzijn van heel ons volk Israèl, en nu heb ik u nodig om te waken over het welzijn van mijn leger en over het welzijn van de onschuldigen der mensheid. U zult met de eerste aanvalsgolf over Aarde trekken en goed van kwaad onderscheiden door uw roep. Het goede zal bewaard blijven, maar het slechte zal worden uitgeroeid met wortel en al!"

"Alles wordt geregeerd door de wil van God… Wij moeten Hem dienen in eenvoud en oprechtheid, zonder opsmuk en zonder verwikkeling. God is de grootste en meest verhevene: wie zijn wij mensenzielen, dat wij Hem zouden kunnen begrijpen? Ik vrees niemand buiten Hem. Moge de Almachtige Zijn woede aanlengen met liefde…"

Wie wil proeven van het verborgen licht van de geheimen van de Torá, die pas in de Komende Tijd zullen worden onthuld, moet mediteren en praten met God. Geef uiting aan alles wat in je hart ligt. Onderzoek jezelf en beoordeel jezelf, en weeg alles waarmee je bezig bent: doe je er goed aan, en is het goed genoeg?

Hoe was Avrahám in staat als enige in zijn tijd de unieke en ondeelbare Schepper te dienen? Avrahám was één: hij zag zichzelf niet als deel van een volk, zelfs niet als lid van de mensheid. Hij zag zichzelf als een onafhankelijk en alleengaand schepsel en zo kon hij alle druk van buitenaf weerstaan: hij ontkende de buitenwereld en haar waarden en kon zo niet afgeleid worden. En zo moet het zijn voor eenieder die wil binnentreden in de dienst aan God: er moet niemand buiten hem bestaan. Dit wil zeggen: de meningen of het verzet van anderen moeten door hem genegeerd worden. Hij moet alleen staan in deze en doen wat recht is in de ogen van God. En hij moet zijn twijfels overwinnen en zijn toewijding aan de Enige ondeelbaar maken. De mens is twee: zijn verlangen overtuigd te zijn van de enige Waarheid strijdt met zijn verlangen aansluiting te hebben bij de tijdgeest. Hoe bevrijdt een man zich van de last van bespotting en obstakels? Door te verzuchten. Door te verzuchten dat je lichaam teveel aan geneugten gehecht is, maak je innerlijke ruimte vrij, waarin de ziel zich kan uitbreiden tot zij de overhand verkrijgt. Door te verzuchten dat je aan de Rechtvaardige wilt aankleven, maak je ruimte vrij voor de Rechtvaardige, zodat die kan groeien, tot hij de overhand verkrijgt. Dan kun je je lichaam aanwenden voor het houden en uitvoeren van de geboden, met kavvaná – met overtuiging en concentratie. Je ziel kun je sterken door hitbodedóet – afzondering. Durf alleen te zijn met jezelf – durf jezelf tegemoet te treden en durf jezelf in de ogen te kijken. Sla je blik niet neer.

De schorpioen regeert de genitaliën en het rectum van de strijder

Toevíe-Jah gaf gehoor aan het verlangen van zijn schoonvader: hij zou twee weken in Ragoe´él's huis verblijven. Daarop riep hij de engel Ozeer bij zich, van wie hij dacht dat deze een mens was, en hij sprak: "Mijn broeder Azár-Jah, hoor mij aan: als ik zelf jouw dienaar zou worden, zou ik je daarmee niet terugbetalen voor jouw goede zorg! Maar ik heb nog één verzoek: neem rijdieren en bedienden van hier en doorzoek Ragès deze stad der Midjanieten, en als je Gavlóet vinden zult, geef hem dan zijn schuldbekentenis en ontvang van hem het geld van mijn vader. En nodig hem uit voor dit bruiloftsfeest! Je weet dat dit niet kan wachten: de dagen van mijn vader zijn geteld en als ik hier te lang zal dralen, zal zijn ziel zeer lijden. Je was erbij toen Ragoe'él van mij verlangde dat ik hem twee weken lang niet zou verlaten: ik mag zijn smeken niet verachten."

Daarop nam Ozeer vier dienaren van Ragoe'él en twee van zijn kamelen en doorzocht alle wijken van Ragès en alle landerijen en dorpen, en toen hij Gavlóet vond, gaf hij hem zijn schuldbekentenis en Gavlóet gaf hem al het geld dat hij had geleend van Toevíe. Ozeer vertelde de oude man over Toevíe-Jah ben Toevíe, van al dat was geschied, en overreedde hem mee te komen naar de bruiloft. Toen Gavlóet binnentrad in de woning van Ragoe'él sprong Toevíe-Jah verheugd op en omhelsde hem. In tranen prees Gavlóet de God van Israèl. En hij zei: "Moge de God van Israèl je zegenen Toevíe-Jah, want je bent de zoon van een goed en rechtvaardig mens, die God vreest en aalmoezen geeft. Moge een zegen komen over je bruid en over je ouders, en moge jij je kinderen en je kindskinderen zien, tot en met de derde en de vierde generatie. Je zaad zal gezegend zijn door de Eeuwige Heer Israèl's, want Hij zal eeuwig leven en Zijn genade is eeuwig." Daarop riepen allen: "Améén! – Moge het zo toch zijn!" en zij vingen aan te feesten. Op de bruiloft vierden zij hun vrees voor God.

De Eeuwige regeert, dat de volken beven; Hij zit tussen de cheroebíem; de Aarde bewege zich.
De Eeuwige is groot in Tsie'ón, en Hij is hoog boven alle volken.
Dat zij Uw groten en vreselijken Naam loven, die heilig is;
En de sterkte des Konings, die het recht lief heeft.
Gij hebt billijkheden bevestigd, Gij hebt recht en gerechtigheid gedaan in Ja'akóv.
Verheft den Eeuwige, onzen God, en buigt u neder voor de voetbank Zijner voeten; Hij is heilig!

Mozes en Aäron waren onder Zijn priesters, en Samuël onder de aanroepers Zijns Naams; zij riepen tot den Eeuwige, en Hij verhoorde hen.
Hij sprak tot hen in een wolkkolom; zij hebben Zijn getuigenissen onderhouden, en de inzettingen, die Hij hun gegeven had.
O Eeuwige, onze God! Gij hebt hen verhoord, Gij zijt hun geweest een vergevend God, hoewel wraak doende over hun daden.
Verheft den Eeuwige, onzen God, en buigt u voor den berg Zijner heiligheid; want de Eeuwige, onze God, is heilig.

De Maagd

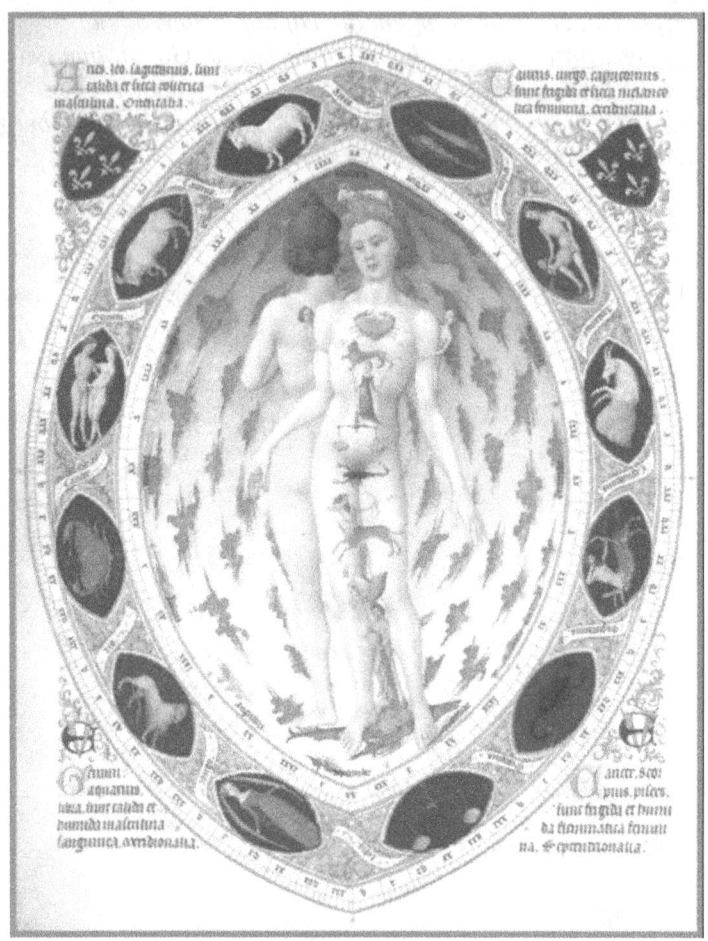

Kon je maar terug daarheen!
Kon je alles maar nog eens
En dan beter doen!
Je zou je meer inspannen
Om niet weer terug te hoeven

Zielen wonen in de Hemelen
En worden gelouterd op Aarde
Het zieleleven in de Hemelen
Heeft zonder afdaling geen enkele waarde

Nog een ziel behoefde ik: een ziel die voorzichtig en nauwkeurig was. Een betrouwbare verspieder, die geen moment zou versagen. Ik dacht hierbij aan de brutale salamander die ik in het Voorportaal had ontmoet tijdens een van mijn voettochten. "**Leta'áh!!**", zou hij verontwaardigd uitroepen, "Ik ben poddomme geen salamander..." Ik grinnikte. Een uitstapje langs de Dérrech trok mij wel. Opgewekt riep ik mijn Marianna en zei haar dat ik op reis ging. Ze was nog altijd even zorgzaam en het frustreerde haar dat ze geen koffer voor me kon inpakken en me geen proviand kon meegeven. Ik grapte, dat ze mijn afwezigheid mooi kon benutten door mijn schoonmoeder bij zich te nodigen. Ze moest lachen. We omhelsden en ik ging uit naar de Hemelpoort.

Met grote groepen tegelijk stroomden de overledenen binnen. Alleen al uit Holland keerden dagelijks 333 zielen terug. Ja, het is 333 – Chorozón – die de Lage Landen bestuurt! Evenals zijn Schepper is hij vormloos en mateloos, en zijn grootste genoegen is het, het volk in zijn Landen verdeeld en ruziënd te houden en van God weg te drijven. Babalón, zijn meesteres, zou hem doden op mijn teken.

Inmiddels was ik uit de schaduw van de Poort getreden. De straat langs de muur was druk. Ik stapte naar links en liet me zalig zakken door het wolkendek.

Op een open plek tussen treurende bomen vond ik mij terug. Een lichte nevel hing er laag tussen bomen en struiken. Achter mij lag het Eindeloze Pad waarvan ik indertijd was afgeweken. De grond was zompig en zoog alle warmte uit de lucht. Ik stapte de nevel in, de bomen voorbij.

Na korte tijd al bereikte ik het moeras: ik spetterde met veel geluid door plassen. Van rechts klonk daarop gemopper: "Duidelijk weer een dom mens verdwaald hier! Zelfs die meurende trol maakt niet zo'n hels kabaal! Zucht..." Meteen hield ik stil en blij vroeg ik: "Noer-Jáh? Duisternis van God, ben jij dat?" Er werd gespuugd en toen weer gemopperd: "**Licht** van Jah! Het zal toch niet die dwaas weer zijn, die meent dat trollen niet bestaan?" Ik stapte in de richting van het geluid en zag boven de nevel een vriendelijke snuit verschijnen en zich steeds hoger verheffen op een glad groen lijf met korte pootjes. De Leta'áh stond op zijn achterpootjes en hield zich waarschijnlijk door middel van zijn staartje in evenwicht. "Mededogen, oi!", deed hij geschokt en hij probeerde met zijn voorpootjes zijn hoofd te omvatten. Dat deed mij lachen, want zijn voorpootjes waren pathetisch te kort. "Mooi is dat!", ging Noerjáh door met mopperen, "dat komt hier ongenood binnenvallen en lacht de heer des huizes uit: tuig van de richel is de mens!" Hij waggelde met bungelende voorpootjes op me af en greep me vast en trok mij tegen zijn borst. Hij rook naar rottende planten en vis, maar hij was niet vies besmeurd. Zonder vrees omarmde ik hem.

"Het is hier nog steeds nat en koud, vriend", merkte ik op, "maar ik ben nu geen dolende mens meer: ik ben gekomen om je hieruit te verlossen!" De Leta'áh liet me los en stapte achterwaarts. Niet-begrijpend riep hij uit: "Mij verlossen? Waaruit?! Dit is mijn huis zolang het mij heugt! Mij hier weghalen is geen bevrijding, maar een aanval: je wilt me in gevangenschap leiden!"

Dat was onzin, zo maakte ik hem duidelijk: ik had voor hem een grootse rol in gedachten in mijn grootse plan voor de schepping! Noerjáh maakte een afwerend gebaar. Hij zakte voorover tot hij op allevier zijn pootjes stond en toen zei: "Ik had al eerder een grootse rol en sindsdien kruip ik hier rond: op mijn buik in het stof. In de modder…" Hij had de tweede vrouw verleid tot het eten van de Boom der Wijsheid en was daarvoor veroordeeld tot buikschuiven en eeuwige vluchten voor de mens. Maar ik zou hem tot leidende ziel maken!

"Oh nee!", gaf hij vastberaden terug, "Ik zou geen leider willen zijn, dan kun je me evengoed tot mens maken, want ook het leven van de mens is vol kwelling en teleurstelling. Overal op Aarde zijn de onderdrukkingen, die onder de zon geschieden; en er zijn de tranen van verdrukten, en van hen, die geen trooster hebben. En aan de kant van hun verdrukkers is macht en zij hebben geen behoefte aan troost. We moeten de doden prijzen boven de levenden. En beter zelfs buigen wij voor de mensenziel die nog niet geleefd heeft, want hij heeft niet al het kwaad gezien dat op Aarde begaan wordt. En er ook niets van begaan. Verder zie ik al de gevolgen van de arbeid van de mens. Dat is allemaal ijdelheid en kwelling van de geest. De mens is als een zot, die zijn handen samenvouwt en dan zijn vingers afkluift. Hoeveel beter is het niet hier in de modder te rusten, dan met twee knuisten de Aarde ziek en dood te maken. Overal waar ik kijk, zie ik ijdelheid onder de zon en leegte en betekenisloosheid. Zelfs de mens die alleen is, en geen broers heeft noch kinderen… zelfs hij is vervuld van werk. En zijn oog raakt niet verzadigd van zijn rijkdom en hij vraagt zich niet af voor wie hij bouwt en eigendommen stapelt. Een mens die voor zijn kind bouwt, doet nog enig nuttig werk, en hij helpt zijn kind nu en later zal het kind hem helpen. Maar ook al heeft de mens gezelschap, dan nog leeft hij alleen en voor zichzelf, en lijdt hij kou zonder dat hij warmte weggeeft.

Er is geen grens voor de mensheid: al dat de voorgaande generaties hebben verricht, willen de volgende generaties overtreffen. Die gedachte, dat alles vooruit moet gaan, is ijdelheid en kwelling van de geest. Wie respecteert nog zijn voorouders, nu hij meent dat hijzelf zoveel beter is? Zeg mij: is de mensheid niet verloren, al sinds het begin? Waren de eerste mens en zijn tweede vrouw niet al op de eerste dag verdoemd? Zal ik dan desondanks een mens worden?! Je bent een zot, beste vriend…"

Zijn tirade was mij goed bevallen, en dat zei ik hem. Hij zuchtte en draaide zijn ogen naar boven: hij begreep me niet. Daarop vertelde ik hem van mijn plannen: die van mij en van de hogere God, en dat ik van hem verlangde mede het verlossende Leger te leiden. Hij zweeg verstomd. Tenslotte stelde hij zacht vast, dat ik dus geen mens meer was. "Tegen wie zal ik mij dan verzetten?", vroeg hij, "Wie ben ik dan nog in vergelijking?" Daarop antwoordde ik niet. Hij zuchtte en keek naar zijn pootjes en zijn ronde buik, en zei: "Moet ik dan afscheid nemen van dit prachtige lijf? En hoe gaat dat in zijn werk?" Ik legde hem uit dat zijn ziel uit zijn lichaam zou treden en opgaan zou en dat hij in de Hemelen voorbereid zou worden op zijn nieuwe taak. "Dan moet ik dus dood…", zei hij beteuterd. Ik vroeg of hij nog van iemand afscheid wilde nemen. Hij zei van niet, want de Leta'ót waren niet zo nauw verbonden. "En je trol?", vroeg ik met een grijns. Noerjáh glimlachte flauw-tjes. Hij keek onderzoekend om zich heen: modder, water, wat miezerige plantjes en kille nevel. "Je leeft hier al bijna zesduizend jaar, hè?" Hij keek naar me op en stootte een klagend geluid uit, dat mij ontroerde. Daarna legde hij berustend zijn snuit op de natte grond en sloot zijn ogen. Op mijn teken loste zich zijn ziel uit zijn lijf. Even dacht ik met haar naar de Poort te reizen, maar ik kon de dode Leta'áh niet zo achterlaten. De trol zou hier met zijn blote handen een graf kunnen graven…maar misschien zou hij die malse salamander juist opvreten… Dan kon ik hem beter zelf begraven. Diep begraven. Ik legde mijn handpalmen tegen elkaar en wees in de grond naast het lijk. De grond zakte in en het dode beest rolde in de holte. Verder zakte de grond en verder nog: huizendiep. En sloot zich zacht boven het lijk.
In mezelf gekeerd declameerde ik het Kaddíesj van de rouwenden:

Verheven en geheiligd worde Zijn grote Naam in de wereld die Hij schiep naar Zijn wil.
Hij zal zijn koninkrijk vestigen in jouw dagen en tijdens jouw leven en nog in jouw generatie van Israèl, spoedig en in de nabije toekomst. Zo zal het zijn.
Moge Zijn grote Naam ten eeuwigen dage worden geprezen. Geprezen, geloofd en verheerlijkt, hoog verheven, geroemd, bezongen en aanbeden zij de Naam van de Heilige, Hij zij geprezen boven alle lofprijzingen, liederen en gezangen, en boven alle troost die in deze wereld kan worden uitgesproken. Zo zal het zijn.
Er zal vrede komen uit de Hemelen en leven in vrede voor heel Israèl en voor alle schepselen. Zo zal het zijn.

De maagd regeert de ingewanden van de strijder

Waarheen ik ga

Naar Har Megiedó richt ik mijn gelaat, maar ik zal mijn strijd voeren over de gehele Aarde. Uiteindelijk pas zal ik uitkomen in de vallei van Jehosjefát, zoals Joël al te zeggen wist, om daar de volkeren te richten.

Als het morgenlicht over de bergen zal mijn leger komen, groter en machtiger dan ooit een leger was. Voorop trekt dan verterend vuur, achteraan een verzengende vlam. Alle landen wachten groen en vruchtbaar en zullen achterblijven als dorre woestenijen. Niet één mens zal er aan ontkomen.

Mijn strijders zullen uitgaan van de polen en in rechte lijnen trekken. Geen muur zal hen weerstaan, geen water hen weerhouden. Als insecten zullen zij doordringen in alle huizen, als zandkorrels door alle gaten en kieren. Hun voeten zullen stampen en hun zwaarden zullen gieren: "Houw neer die heiligschennis!"

De gehele Aarde zal in huiver beven en al wat licht was, zal duister zijn. Er zal geen nacht zijn, geen rust voor ongerechtigheid. Dag en nacht zullen de zondaren vallen: niet één van hen zal de strijd doorstaan!

Als dan alle landen van het vuil gezuiverd zijn
Zal mijn leger optrekken naar het Tempelplein.
Tot aan de muren zal het vechten,
Maar op het plein zelf gaan alleen de rechten:
Op de berg Moríe-Jah zal de Eeuwige Zijn leer verklaren
Voor de nazaten van Israël

Doordat Toevíe-Jah beloofd had langer te blijven in Ragés dan nodig was, maakte ondertussen zijn vader zich zorgen: "Waarom draalt mijn zoon, of waardoor wordt hij opgehouden? Zou Gavlóet, chas ve chalíela – God verhoede! – overleden zijn en wil nu niemand het geld uitbetalen?"

En hij werd erg bedroefd, hij en zijn vrouw Chánna met hem, en zij weenden samen omdat hun zoon niet thuiskwam toen hij had kunnen thuiskomen. Vooral Toevíe-Jah's moeder was ontroostbaar en zij riep telkens weer: "Oi oi oi, wat een ellende overkomt me, mijn zoon! Waarom stuurden wij jou naar een vreemd land: jou, het licht van onze ogen, de staf voor onze oude dagen, de troost in ons leven, onze hoop op nageslacht? Al dit hadden wij, verenigd in jouw persoon... we hadden je niet mogen sturen!"

Toevíe zei tot haar: "Kalmeer, vrouw, en wees niet bezorgd, want onze zoon is veilig: de man die we met hem meestuurden, is betrouwbaar." Maar zij bleef ontroostbaar en dagelijks verliet zij meerdere malen het huis en ze keek op alle wegen waarlangs haar zoon mogelijk zou terugkeren, opdat zij hem zo snel mogelijk zou zien.

In Ragés ondertussen stelde Ragoe'él zijn schoonzoon voor niet af te reizen, maar er te blijven wonen: "Dan zal ik een boodschapper zenden, om je ouders te berichten dat je gezond en wel bent!" Maar Toevíe-Jah antwoordde: "Ik weet dat mijn ouders nu de dagen tellen: zij zijn vast en zeker vreselijk bedrukt nu." Ragoe'él pleitte met alle woorden en argumenten die hij kon vinden, maar Toevíe-Jah gaf niet toe. Tenslotte boog Ragoe'él het hoofd voor de sterke wil van zijn schoonzoon, en hij gaf hem zijn dochter Saráh en de helft van zijn eigendommen: zijn bedienden en zijn dienstboden, zijn rundvee, zijn kamelen en zijn kleinvee, en veel goud en zilver, en met open blik liet hij hem vrij te gaan.

Ragoe'él zegende zijn schoonzoon met deze woorden: "Moge de heilige engel van de Heer je vergezellen op je tocht, en je veilig door alle streken leiden, en moge je thuis je ouders in gezondheid aantreffen. En mogen mijn ogen je kinderen zien aleer ik sterven zal." De ouders kusten hun dochter en lieten haar gaan. Zij droegen haar op haar schoonouders eerbied te tonen, voor het gezin te zorgen, het huis naar beste vermogen te bestieren en zich onberispelijk te gedragen. De karavaan zette zich in beweging en de hond rende opgewonden vooruit.

De Tweeling

Zijn wij niet alle geboren om verbonden te zijn?
Zoeken wij niet ons aardse leven lang naar onze wederhelft?
Wie van ons vindt die ook?

De ziel van een boom woont haar hele leven lang
Temidden van haar familie
De mens wrikt zich los en gaat op reis

De mens trekt van dorp naar dorp
En van land naar land
Hij klimt over bergen
En vaart over zeeën

Een richtingloze zwerftocht
Op zoek naar die ander
Die in hem woont
Zoek niet om te vinden
Zoek om te beseffen

Wij waren over bergen getrokken en door dalen gegaan, hadden wijdse uitzichten genoten en beschutting gevonden onder bomen en tussen struikgewas. Ik had meerdere malen geslapen onder de bescherming van mijn engel, en ik had de Aarde aanschouwd in al haar levensfasen. Toen werd het tijd, dat mijn engel mij weer een ziel zou tonen, want het grote ogenblik was gewis al heel nabij. Een ziel die communiceren kan, verlangde ik, die met speels gemak met iedereen in gesprek blijft. Zij zal vlot vertalen van inlichtingen tot richtingen.

Steeds eerbiedwaardiger werden de zielen die mijn helper voor mij leidde. Je kunt sterven om in de Hemelen te geraken en voor de meeste mensen zit er niets anders op, maar in elke generatie leeft één uitzonderlijk begaafde, die er in slaagt zijn geest te doen groeien tot die in de Hemelen reikt. Een Goddelijke gave aan uitverkoren enkelingen. De gewone mens hoeft overigens niet te vrezen voor een verblijf in de hel na het leven. Niet dat de hel niet bestaat: zij bestaat wel degelijk, maar niet in het rijk der doden. De hel is een schepping van de levende mens, die er anderen in doet leven. De hel wordt iedere dag herschapen en vergruwelijkt, altijd wel ergens in de wereld en altijd wel voor een wezen. Is het geen mens, dan is het wel een dier, of een plant. Ja, zelfs een plant kan leven in een hel: de mens verhuist planten naar ongeschikte klimaten en gronden, de mens sluit planten op en de mens beslist welke plant zal drinken en welke zal verdorsten. De plant die tot voedsel dienen moet, zal haar lot in vreugde ondergaan: het is de reden voor haar bestaan en zij zal de oogsttijd met jubel verwelkomen. De plant echter die in een woning als versiering moet dienen, wiens wortels belemmerd worden en die nooit zon, wind of regen voelt, lijdt nodeloos: zij wordt niet genuttigd maar in slavernij gehouden. Dat is de hel die de mens schept voor de planten. Zo ook de kalveren die nooit in een wei dartelen, de kippen die nooit scharrelen, de vissen in kommen en de vogels in kooien... Idealistische mensen roepen wel 'Leef en laat leven', maar dat is onvolledig. De opdracht aan de mens is 'Leef en DOE leven'.

    Mijn engel, mijn helper, vertelde mij van zijn vondst:
"Deze ziel is niet beroemd, ondanks haar verdiensten. Dit werkt vreemd in de mensenwereld…." Hij voerde mij een stad binnen in een dal in Midden-Duitsland in de achttiende eeuw. De rijke edelen hadden op de heuvels rondom enorme paleizen met veel torens en hoge ramen gebouwd. Hoeveel torens heeft een paleis nodig? Hoeveel penissen heeft een man? De gegoede burgerij legde nieuwe wijken aan buiten de muren, met veel bomen en kerken. De armen en de Joden woonden in de oude vervallen huizen in de binnenstad. De Joden hadden hun eigen wijkje vol vochtige, donkere krochten met misplaatste aanbouwsels. De armste jidden woonden met meerdere gezinnen in een huis, gegoeden woonden met meerdere generaties tesamen en de rijke Joden woonden bovenop hun kantoren en hun pakhuizen. Itsik en Lea woonden met hun oudste zoon en zijn gezin in een klein huis achterin een doodlopende steeg. Itsik lernde alle dagen en Lea dreef een winkeltje in tweedehands meubelen en gebruiksvoorwerpen. Itsik studeerde overdags Talmóed in het Leerhuis en 's nachts astrologie in een zolderkamertje in hun huis. Hij werkte aan een manuscript over zijn methodiek voor het verenigen van Torá en astrologie en Lea kocht, repareerde en verkocht haar gebruikte spulletjes. Hun inwonende zoon studeerde kabbalá en gaf les aan kinderen en de schoondochter zorgde voor de kinderen en het eten. Kinderen waren er genoeg en voedsel was er gewoonlijk ook voldoende.

    Lea leerde lezen toen ze dertig was. Haar ouders noch haar man hadden het ooit nodig gevonden, maar haar zoon vond het wel leuk om haar les te geven. Toen ze eenmaal lezen en schrijven kon, ging ze bijhouden wat ze verhandelde en hoeveel winst en verlies ze maakte. Zaken waarop ze weinig winst maakte en die ook niet voor aanloop zorgden, kocht ze niet meer in. Toen het haar opviel, dat ze op de enkele boeken, schilderijen en munten die ze verkocht verhoudingsgewijs een hoge winst behaalde, ging ze die juist groter inkopen. Haar winst groeide gestaag, en ze besloot zich te specialiseren. Toen ze overwoog haar opgespaarde vermogen te investeren in een winkel op een betere locatie, vroeg een buurman haar om een lening voor een nieuwe handkar voor zijn vishandeltje. Ze kwamen een redelijke rente overeen, en doordat ze de man ook wel voor haar wat zwaardere spullen liet vervoeren, was hij in staat zijn schuld op tijd af te betalen. Een bakker die merkte dat het haar zakelijk voor de wind ging, wilde graag haar compagnon worden, maar zij bood hem een vaste rente voor zijn geld. Hij ging akkoord en bracht haar een deel van zijn vermogen. Zij leende dat geld weer uit aan anderen. En zij opende haar winkel op goede stand, en verhandelde daar boeken, munten en schilderijen. Wanneer het in de avonduren stil werd in huis, las Lea boeken. Aanvankelijk las ze de stichtelijke boeken die speciaal voor Joodse vrouwen waren geschreven, maar die verveelden haar al snel. Ze verdiepte zich in een jiddiesje vertaling van de Tanách, en ze kreeg een speciale band met de Profeten en de Tehielíem – de Psalmen. Het vuur van de Profeten bekoorde haar zeer en de hartekreten in de Psalmen brachten haar in vervoering. Nieuwsgierig leerde ze ook Duits lezen en schafte ze een Duitse vertaling van de Tanách aan. Haar taal werd rijk en zij kreeg naast haar reputatie van geslepen zakenvrouw ook de naam een vrome en wijze Jodin te zijn.

Na enkele jaren hield Lea zich alleen nog met geldhandel bezig. Toen haar kleinkinderen volwassen werden, was Lea rijker dan de prins aan wie de stad behoorde. De prins was een devoot katholiek en hij had openlijk een hekel aan de Joden. Op een dag vervoegde zich bij haar de zoon van de prins, om te spreken over de financiëring van een bevloeingskanaal voor de landerijen. Toen de heer werd binnengelaten in haar kantoor, was Lea verdiept in haar boekhouding en zonder op te kijken wees ze naar de zetels tegenover haar bureau: "Pak 'n stoel". De hoge heer liep rood aan vanwege het gebrek aan respect: "Vrouw! Weet u wel wie ik ben?!" Lea hief haar blik en bekeek de man even onderzoekend. Daarop haalde ze haar schouders op en ze zei: "Als u zo groots bent, neemt u dan maar twee stoelen…" De prinsenzoon aarzelde even, maar schoot toen in de lach. "Alle sterke verhalen over u zijn blijkbaar waar!", riep hij uit en hij zette zich.

Lea nam een boerderij naast de stad als onderpand voor de enorme lening, en toen de oude prins overleed en de nieuwe prins financiële problemen kreeg, kwam ze hem te hulp. In ruil verkreeg zij het eigendom van de boerderij en toestemming er een Joodse woonwijk op te bouwen en er een nieuwe begraafplaats aan te leggen. Ze ruilde met haar geloofsgenoten de oude huizen in de binnenstad voor haar nieuwe appartementen, en liet de oude wijk slopen. Daarna verkocht ze de vrijgekomen stadspercelen aan het gemeentebestuur voor de bouw van een nieuw stadhuis, aan de kerk voor een gasthuis en aan zakenlieden voor de bouw van werkplaatsen, pakhuizen en een herberg. Ze stichtte zo het zakencentrum van de stad. De afhandeling van de transactie nam enkele jaren in beslag en Lea verdiende er niets aan, maar alle andere partijen waren blij en Lea verkreeg kort voor haar dood het burgerschap van de stad voor haar en haar nageslacht. Nog altijd wonen er in de stad nazaten van Itsik en Lea Wallach, maar dat zijn al enkele generaties geen Joden meer. Lea's Joodse wijk is ook al bijna een eeuw geen joodse wijk meer, maar het plein voor het stadhuis heet sinds de Tweede Wereldoorlog 'Lea Wallachplein'. En ja, haar geldhandel bestaat nog steeds!

Ozeer keek me afwachtend aan. Ik keek afwachtend terug. Ozeer zei: "Deze ziel was eerder op Aarde…" Ik wachtte af. "Als de profeet Amóts!", voegde hij er betekenisvol aan toe, "Als een profeet dus: een spreker, een communicator. En een heel sociaal betrokken profeet bovendien." Ik keek hem nog even nadenkend aan en toen knikte ik en wendde ik me af: "Tov, lijf haar maar in dan". Langzaam liep ik door de Kirchstrasse in de richting van de Turm teneinde de stad te verlaten. Bruin overheerste in het straatbeeld: het houtwerk tussen het stucwerk van de muren, het stro op de daken, de bestrating, de verweerde schuttingen, de kleren van de mensen. Het meest fleurige dat ik zag was een donkergroene jas. Men mocht dan katholiek zijn daar, men zag er maar eng-calvinistisch uit. De voorbijgangers gingen beleefd voor mij uit de weg, maar ik had mij niet bekend gemaakt... Ik plukte aan mijn kleed en bemerkte dat ik een habijt droeg. En als ik een Jood was geweest? Was dan ík beleefd voor alle anderen opzij gegaan?

Ongestoord verliet ik de binnenstad. De poort had geen deuren meer, zag ik. Het stadsbestuur was blijkbaar vol zelfvertrouwen en optimisme. In de buitenwijken was meer kleur: de randen van de daken waren versierd met rode en witte houten lijsten, de deuren waren groen en geel en in de voortuinen bloeiden struiken. De vrouwen en de kinderen droegen goede en fleurige kleding. Was kleur toen voorbehouden aan de rijken? Te duur of bij decreet? Mijn meidjes in het Holland van de twintigste eeuw hadden gekleurde kleedjes gedragen, van alle tinten van de regenboog, en mijn Marianna droeg meestal bordeaux en blauw. In ons gezin was ik blijkbaar de armoedzaaier geweest: ik droeg grijs in de winkel en zwart in de sjoel, en uitsluitend witte overhemden. Ik bezat één rode das, maar die mocht ik van mijn bescheiden Marianna alleen dragen als ik naar het voetballen ging.

Ik was tot buiten de bebouwing gelopen en keek om of Ozeer mij al volgde, maar ik was alleen. Dat vond ik eigenlijk wel prettig, want ik verlangde terug naar mijn eenzame ontdekkingsreizen over de Dérrech. Beter zou ik niet treuzelen maar mij onverwijld naar de rand van het bos spoeden, opdat Ozeer mij niet zou zien!

Later diezelfde dag struinde ik goedgemutst langs een open veld tussen de bossen. De zon scheen warm en er streek een zachte bries over de halmen. Een smal beekje vol kiezelstenen kabbelde vanuit het bos langs het veld. Met gemak sprong ik naar de overzijde (ik had zelfs gewoon een grote stap kunnen nemen) en daar zette ik mij op de grond met mijn rug tegen een steen. Het water zag er schoon en koel uit en de situatie noodde mij tot drinken en eten, maar waarom zou ik? Mijn lijf had het niet nodig, want het leefde niet, en ik zou het misschien ook niet proeven. Hoewel... de warmte van de zon voelde ik wel, en ik hoorde en (snuif) ik rook zelfs, dus ik zou vast ook proeven! Hoe lang was het geleden dat ik voedsel had geproefd? Ik wist het niet meer, en dat stemde mij bedroefd.

Als speciaal om mij op te vrolijken klonk vanuit de verte een flard van een lied: "...*de Koning met Zang en Dans...*" Dat kende ik! Ja hoor, daar komt hij weer, die rare man, die Joker. En hij huppelt weer. Of: nóg! Tokkelend op een luit wilde de man aan mij voorbij huppelen:

> *"De liefde van God is ons liever dan ons leven,*
> *Het oordeel van God doet ieder van ons beven.*
> *Gelukkig mogen wij ons prijzen met Zijn glans,*
> *Kom loof de Koning met Zang en Dans!*
> *Kom loof de Koning met Zang en Dans!*
> *Encore!*
> *De liefde van God is ons liever dan ons leven..."*

Ik sprong overeind en gebaarde hem te stoppen. Hij gehoorzaamde meteen en hing met beide voeten van de grond vlak voor mij. Hij zweeg en bewoog ook zijn vingers niet. Een mens kan niet zweven! Ik schudde mijn hoofd om die illusie kwijt te raken. "Ga maar staan", zei ik en ik stapte achteruit om hem ruimte te geven. Hij strekte zijn benen en stond. Niets aan hem bewoog. Ik zette mij op mijn steen en wees hem zich ook te zetten. Hij gehoorzaamde woordeloos door aan mijn voeten te gaan zitten. Het was een bijna Hemels beeld: ik zo op mijn troon en mijn dienaar voor mij op de vloer. "Wie ben je?", vroeg ik, "Vanwaar kom je en waarheen ga je?" Zijn vingers bewogen en zijn mond ging open. Hij zong: "Mijn weg heeft geen begin en geen einde ook, en ik ben de weg." Zijn gezichtsuitdrukking bleef dezelfde terwijl hij zong: licht verwonderd en vrolijk. "Hoe heet je dan?", vroeg ik. Hij zong weer: "Mijn weg heeft geen naam en geen verleden, en ik ben de weg." Zijn weg had vast ook geen familie en geen huis, dus wat kon ik verder nog vragen? "Ik ben de weg" zong hij telkens. Dat klonk nogal gristelijk, maar hij droeg geen rabbinale baard en zijn handen waren niet verwond. "Ik ben de weg".... Was hij een gids en moest ik hem volgen? Of was hij de Maker van de weg? Maar de Enige zou toch niet als zo'n armzalig scharminkel over een bospad huppelen?! God is almachtig, maar Hij heeft ook zelfrespect: Hij zou zich laten voorafgaan door Hemelse herauten met gouden trompetten. Wie is de Eeuwige indien Hij niet overdondert? Wat heeft de Aarde aan een god die onopvallend en incognito rondzwerft? Bliksemstralen vanuit een verblindend vuur: zo ziet de Schepper eruit! "Sta op!", beval ik de rare man, "en ga verder op je pad!" Meteen klonk het weer:

> *"De liefde van God is ons liever dan ons leven,*
> *Het oordeel van God doet ieder van ons beven.*
> *Gelukkig mogen wij ons prijzen met Zijn glans..."*

De dood is als een leeuw, verscholen tussen bosjes, die wacht tot je tevoorschijn komt. Het leven is een diepe kuil, waarin op de bodem een hongerig serpent je sissend wacht. Jij staat daarin op een smalle richel die langzaam maar onomkeerbaar afbrokkelt. Ondertussen drink je honing in de hoop van niets te weten, dat de leeuw je zal opgeven en de slang je zal vergeten.

Gelijk een leeuw dool ik door alle werelden, zoekend naar wie ik pakken kan. Mijn streven is verheven, maar mijn middel is en blijft de dood. God's akkers zullen nooit verdrogen, God's dienaar zal ook niet verdorsten. Alle muren mogen barsten, maar het Huis van Gebed zal eeuwig bestaan. In de verste verten branden al de vuren en wordt het hete ijzer al gesmeed: nog even en alles is gereed! In het donker brandt het licht maar in het licht heerst nooit de duisternis. Toen alle dagen nog vers waren, de bergen ongetekend en de wateren fris en vol van vis, keek God en zag Hij dat het goed was. Daarop schiep Hij de mens….Het valt niet te vergoelijken!

De tweeling regeert longen, armen en vingers van de strijder

Op de elfde dag van hun tocht bereikten zij Charán: halverwege de weg naar Nienevéh. Daar zei de engel: "Mijn goede broeder Toevíe-Jah, je weet hoe je vader was toen je wegging. Als het je welbevalt, laat ons dan vooruit rijden, en laat je vrouw en de bedienden rustig na ons komen, met het trage vee."

Dit idee beviel Toevíe-Jah want hij wilde graag zijn ouders weerzien. Ozeer zei:"Neem van de gal van de Sfamnóen, want dat zal nodig zijn." Toevíe-Jah nam van de gal en zij beide vertrokken. De hond rende hen na.

Alle dagen kwam Chánna de moeder naar het kruispunt van de wegen en zat op de top van een heuvel, vanwaar ze ver kon kijken. En toen ze daar weer zat, zag ze heel ver weg twee kamelen komen. Al van verre herkende ze een van de ruiters als haar zoon en ze haastte zich naar haar echtgenoot en riep hem opgewonden toe: "Hij komt er aan, onze zoon!"

Ozeer zei tegen Toevíe-Jah: "Zodra je in je huis komt, moet je de Heer je God prijzen en danken, en dan moet je je vader kussen. En onmiddellijk moet je dan zijn ogen zalven met de gal van de Sfamnóen, die je bij je draagt. Voorwaar, zijn ogen zullen worden geopend en hij zal het licht aan het uitspansel zien en zich verheugen in zijn blik op jou!"

De hond, die hen de hele weg trouw gevolgd was, rende plotseling voor hen uit in gestrekte draf en hij kwam aan bij het huis en rende naar binnen en kwispelde en jankte van blijdschap. De blinde Toevíe kwam overeind en wilde rennen. Een bediende nam zijn hand en zij gingen uit om de zoon te ontvangen.

Toevíe kuste zijn zoon en ook zijn vrouw kuste haar zoon en alledrie huilden zij van opluchting en van vreugde. Toen zij God hadden geprezen en gedankt, zetten zij zich neer. Toevíe-Jah nam de gal van de vis uit zijn tas en smeerde er de ogen van zijn vader mee. Na een half uur wachten kwam er los van de ogen een witte schil, als een eierschaal, en Toevíe voelde de schil en tastte er naar en trok het weg en hij kon toen zien. Hij en zijn vrouw vielen op hun knieën en wenend zongen zij de lof van de Eeuwige, en allen die daar waren en allen die daar kwamen, barstten in tranen uit en vielen hen bij.

Toevíe sprak toen, zeggende: "Ik prijs u, Heer der Heerscharen, God van Israèl, want u heeft mij bezoekingen opgelegd maar mij ook gered: ik zie nu mijn zoon!"

Zeven dagen later kwam ook Saráh aan, met het vee en de kamelen en zeer veel goud en zilver, en ook met het geld dat Toevíe-Jah voor zijn vader had teruggekregen van Gavlóet.

En Toevíe-Jah vertelde zijn ouders en allen daar aanwezig van het vele goeds dat de Eeuwige voor hem had gedaan door middel van de man die hem tot gids was geweest. Familieleden van Toevíe kwamen, Achie'òr en Navàt, en wensten hem geluk met al dat de Almachtige voor hem had gedaan.

Zeven dagen lang feestten zij in opperste vreugde. Zij vierden hun liefde voor de Eeuwige, de trouwe Koning Israèl's.

De Boogschutter

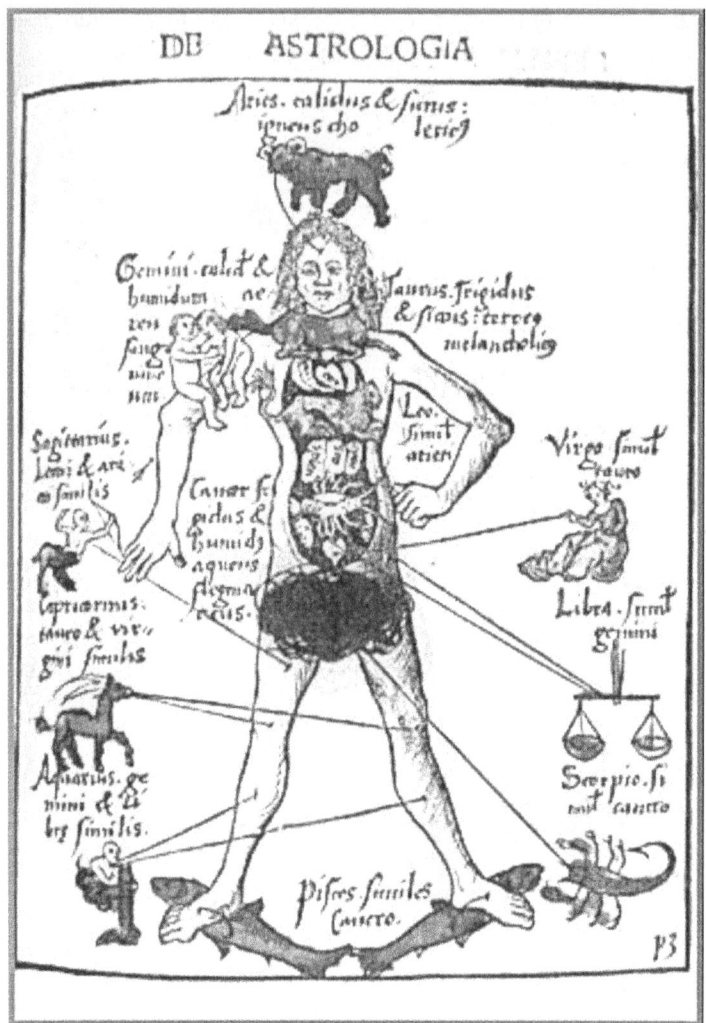

Grote voeten en scherpe ogen zijn niet genoeg
De ziel moet het schot toegewijd zijn
De priester zal de handen zegenen
En voor haar zingen

Jupiter, vader van Mars
Vader van Schorpioen,
Kind van Waterman en kleinzoon van Steenbok
Gelijke tussen Leeuw en Ram

Waarom toch steeds dat wachten?
Dat beraden en bereiden?
Waarom niet meteen de gordels om
En voorwaarts ten strijde?

O, wat verlangde ik naar een ziel die popelt aan te vangen, en die genoeg heeft aan een doel! Een onvermoeibare schutter die met elk schot zal raken: laat mij toch de opdracht geven! Hoe lang nog moeten de weinige goeden onder de vele slechten lijden? Schreef niet Jitschák bar Sjálom al in 1147, in alweer een tijd van vervolging, aan de Eeuwige in opstandigheid:

Onder de stommen is er geen die het haalt bij u:
     u zwijgt maar en houdt uw mond tegenover hen die ons zo kwellen!
Onze vijanden staan in menigte over ons,
Ze komen samen om ons te bespotten en te vervloeken.
'Waar is nou jullie god?!', schreeuwen ze woest,
terwijl hun stokken breken op onze ruggen.
Wij lijden zeer en dit komt niet door ons:
Wij zijn u niet afgevallen en wij hebben u niet verloochend...
*Verbreek nu toch eindelijk **uw moordend stilzwijgen!!***

Nog altijd toont mijn God zich niet genoeg. En waar Hij zich al toont, wordt Hij niet herkend en worden Zijn ingrepen afgedaan als wonderen, of erger nog: als toeval. Of toegeschreven aan 'de kosmische orde', alsof die 'kosmische orde' iets anders zou kunnen zijn dan God's wil! Elke orde bestaat immers bij de gratie God's! Is de mens zo verward of wíl hij niet begrijpen?! Godsdienst wordt verward met geloof. De Torá is regelgeving voor de dienst aan God, en die dienst is een plicht ook voor wie denkt niet in God te geloven. Godsdienst is dus mogelijk waar geloof ontbreekt. Godsdienst is waar leven is. In de Hemelen gelooft men niet en dient men niet: in de Hemelen is men deel van God. Aan de mens op Aarde is het, te trachten in diezelfde toestand te geraken. De mens is een roofdier met de bijzondere opdracht zich te beheersen. De mens kreeg zeven geboden om hem enigszins in te tomen, de Jood kreeg 613 geboden om geen roofdier meer te zijn.

God is stom, dit is waar voor wie op Aarde leeft. En wie wil er nog dienen een zwijgende en afzijdige God? Wie kan nog opbrengen respect voor een

God, die de goddelozen voorspoed schenkt? Wie kan nog voelen liefde voor een Schepper, die aan Zijn schepselen niet denkt?

Wij in de Hemelen weten wel beter: zonder te rusten of te verpozen wikt en weegt Hij en spreekt Hij uit. Hij zendt en ontvangt verspieders en hoort hen aan. En in verdriet schudt Hij Zijn hoofd. Hij zendt en ontvangt boodschappers, en stil schudt Hij Zijn moede hoofd omdat de mens maar niet wil luisteren. "Wat moet ik met hen aan, mijn Hemelse Prinsen?", vraagt Hij dan telkens weer. "VERDELG VERDELG VERDELG HEN!", roepen zij dan elke keer. Maar God is vol erbarmen, onstoffelijk maar met een hart, en Hij vergeeft ook al vergeet Hij niet. Ook nu nog, ook al is het lot getrokken, zou Hij nog het liefst vergeven en nog meer nieuwe kansen geven. God is stom, omdat Hij tegenover de mensen zwijgt, en God is dom, omdat Hij almaar opnieuw begint: God is te goed voor deze wereld.

De boogschutter regeert de dijen van de strijder

Nadat zij zeven dagen hadden gefeest, riep Toevíe zijn zoon bij zich en vroeg hem: "Hoe zullen wij de heilige man die jou begeleidde belonen?" Uit het diepst van zijn hart riep Toevíe-Jah uit: "Vader, wat bezitten wij dat hem voldoende kan belonen?! Hij leidde me heen én bracht me weer veilig thuis; hij incasseerde het geld van Gavlóet; hij bezorgde mij mijn vrouw en verdreef van haar de kwade Ásjmedai; hij bezorgde haar ouders grote vreugde; hij heeft mij gered uit de muil van de monsterlijke vis; hij heeft u het licht aan het uitspansel doen weerzien, en wij zijn voorgoed verlost van armoede en gebrek! Wat kunnen wij hem geven dat hem voldoende dank geeft en eer bewijst?! Ik stel u beleefd voor, vader, dat u bij hem zult aandringen dat hij de helft zal nemen van alles wat wij hebben meegebracht!" Daarop riepen de vader en de zoon de heilige engel en namen hem terzijde en spraken op hem in, dat hij de helft van al het goede in hun huis en hun binnenplaats zou nemen. Daarop sprak Ozeer op zachte toon:

"Prijs de Heer van de Hemelen, toon Hem jullie eerbied voor de ogen van al wat leeft, want Hij heeft jullie Zijn genade betoond. Het is goed de geheimen van een koning te verzwijgen, maar heel eerbaar om te onthullen en bekend te maken de werken van God. Gebed gaat goed met vasten, en het geven van aalmoezen is beter dan het stapelen van rijkdom, want aalmoezen redden van de dood en zuiveren van zonden en worden beloond met genade en een eeuwig leven. Maar zij die zonden en onrechtvaardigheid begaan, zijn vijanden van hun eigen zielen.

Ik zal jullie de waarheid onthullen en ik zal het geheim niet voor jullie verbergen. Toen u, Toevíe vader van Toevíe-Jah bad in tranen en de doden begroef en daarvoor zelfs uw maaltijd liet staan, en toen u de doden verborg in uw huis om hen 's nachts te begraven, nam ik uw gebed en legde het de Eeuwige voor. U vond gunst in de ogen van God en Hij besloot u te beproeven met verleidingen. Nu heeft de Eeuwige mij gezonden om u te genezen en om de voorbestemde vrouw van uw zoon te verlossen van de duivel Ásjmedai. Want ik ben Ozeer, de engel Rafaël, een van de zeven engelen die rond de Eeuwige staan."

Toen vader en zoon deze woorden gehoord hadden, waren zij heftig overkomen en vervuld van vrees vielen zij voorover op de grond en verborgen hun gezichten. De engel zei tot hen: "Vrede zij met jullie, koester geen vrees, want toen ik bij jullie was, was ik daar op last van God, dus prijs Hem en zing Zijn lof. Het leek alsof ik at en dronk met jullie, als een mens, maar ik besta bij de gratie van voedsel dat de mens niet zien kan." Toevíe hief zijn gelaat en bad volgens zijn gewoonte: "Gezegend bent u, o eeuwige God van onze voorvaderen. Uw Naam verdient het geprezen en verheven en bejubeld te worden tot in eeuwigheid! Want u bent rechtvaardig in al dat u voor ons heeft verricht: ja, al uw werken zijn waar, uw manieren zijn waar en heel uw oordeel is juist. In al dat u ons heeft laten overkomen, en zelfs in al dat u op de heilige stad van onze vaderen deed neerdalen, zelfs op Jeroesjalájiem, heeft u uitsluitend recht gedaan. Recht recht recht en niets dan recht! Want al dat u ons heeft opgelegd, was de straf voor onze zonden. We hebben gezondigd door onkuis en ontrouw te handelen en door ons van u af te wenden. Elk van uw verboden hebben wij overtreden en wij hebben niet naar uw geboden geleefd. Hadden wij gedaan zoals u onze voorouders heeft opgedragen, dan was het ons goed vergaan.

U heeft tegenover ons in recht en rechtvaardigheid gehandeld. Aan wetteloze vijanden droeg u ons over, aan de meest haatvolle tegen standers van de Almachtige en aan een onrechtvaardige koning, die de grootste booswicht in de wereld is. We hebben geen recht van spreken meer, want wij zijn een schande in de ogen van al uw dienaren, van alle die u aanbidden. Maar geef ons nog niet op en herroep nog niet uw verbond met onze voorouders! Ontzeg ons uw genade niet omwille van uw geliefde Avrahám, omwille van uw dienaar Jitschák en omwille van uw heilige Israël, tot wie u heeft gesproken en aan wie u heeft beloofd, dat u hun zaad zou verveelvoudigen als de sterren aan de hemelen en als het zand dat ligt aan de oevers van de zee.

Wij zijn nu minder dan elk ander volk, o Heer, en wij worden overheerst vanwege onze zonden. Wij hebben nu geen prins, geen profeet en geen sterke leider, geen zoenoffers, geen reukoffers en geen Tempel, om aan u te offeren, opdat wij genade zouden vinden in Uw aangelaat. Neem ons weer aan omwille van ons nederige hart en onze bescheiden geest. Neem ons weer aan en sta ons toe u met heel ons gemoed te volgen: wie in u hun vertrouwen stellen, zullen nooit verloren gaan. Wij volgen u nu met heel ons hart, wij vrezen u en wij zoeken uw blik. Maak ons niet ten schande, dat deden wij zelf al. Ga met ons liefdevol om, zoals past bij u, o Genadevolle!

Red ons zoals u eerder deed met u wonderen en breng nog meer glorie tot uw Naam, o Heer, en laat het alle die uw dienaren kwaad doen slecht vergaan. Laat hun legers en hun ambtenaren in verwarring raken, opdat hun kracht zal breken en laat hen weten dat u God bent, de enige God, de Glorierijke Heerser over de hele wereld.

Mannen uit ons volk werden op de oven gebonden en het vuur werd opgestookt met droog hout en olie, maar engelen daalden af in naam van de Allerhoogste en doofden het vuur en maakten de oven tot een koele, aangename plaats. En alledrie zongen met één mond de lof van de Altijdaanwezige: Gezegend is uw glorierijke en heilige Naam en boven alles verheven! Gezegend bent u in de Tempel van uw heiligheid en boven alles

verheven! Gezegend bent u die tot in de diepten kijkt van uw zetel op de engelen! Gezegend bent u op de heerlijke troon van uw koninkrijk! Gezegend bent u aan het uitspansel van de hemelen! Alle schepselen en alle scheppingen van de Heer, prijs en loof de Almachtige, de Barmhartige, de Zorgzame, de rechtvaardige Koning, de Eeuwige onze Vader.
Engelen in het water, speel voor de Almachtige!
Engelen op de landerijen, zing voor de Almachtige!
Engelen in de Hemelen, dans voor de Almachtige!
En jullie, zon, maanen sterren, straal en flonker voor de Almachtige!
Lentebries en winterstorm, blaas voor de Almachtige!
Regen, sneeuw en dauw, doordrenk voor de Almachtige!
Mensenkinderen, zegen jullie Maker!
Kinderen Israèl's, zegen die je uitverkoos!"
Daarop sprak de engel: "Het is nu tijd dat ik terugkeer naar Hem die mij hier zond. Zegen de Eeuwige en vertel overal van Zijn wondergoede werken."
Toen de engel deze woorden had gesproken, verdween hij van voor hun ogen en zij konden hem niet meer zien. Drie uren bleven zij zo voorover liggen en zegenden de Eeuwige. Daarop kwamen zij overeind en vertelden het hele huis van al God´s wondergoede werken.

De Vissen

Wijs is hij die blijft wat hij is geboren
Op die wijze gaat men nooit verloren
En kan men zich niet vertillen

Niet meer dan nodig wensen
Niet het meest van alle mensen
En niet altijd winnen willen

Hebben om te kunnen geven
Is het enige geheim van het leven

Een ziel die vol toewijding is, had ik toen nodig. Een betrouwbare verzorger, die de behoeftigen zoekt en bedient. Zij zal nooit teleurstellen.

Onwillekeurig dacht ik terug aan de pastoor die ik ontmoette op de Dérrech. Die zijn huishoudster zelfzuchtig had gebruikt en daarvoor passend was bestraft. Die mij, toen ik hulpeloos ter Aarde lag, aan zijn valse messias wilde wijden. Maar waarom dacht ik aan hem? Hij was een pastoraal werker geweest, al zijn volwassen jaren, zeker, maar hij was een ongelovige! Waarom dacht ik aan hem?! Ozeer bracht mij het antwoord: de pastoor had een misgeboren Joodse ziel… In zijn woongebied regeerde de katholieke kerk en in zijn verlangen naar God was hij katholiek geworden. "Zij had tijdig verlost moeten worden!", stelde ik verontwaardigd. Ozeer twijfelde: "Zij had uiteraard een taak daar onder de ongelovigen…" Ongetwijfeld. Maar was zij inmiddels klaar met al haar taken? Ozeer begreep zijn opdracht.

Op dat moment was al vastomlijnd wat gebeuren zou, en pijnlijk duidelijk ook. Alle booswichten zouden ontvangen wat hen toekwam, maar vele anderen zouden lijden alleen vanwege hun dommigheid. Ik zou nog een laatste poging doen hen wakker te schudden uit hun slaperig onbenul. Achttien engelen stelde ik op de Noordpool en nog eens achttien op de Zuidpool. Elk van hen was vergezeld van een hongerige leeuw en elk van hen droeg een vlammend zwaard in de rechterhand en de rol met het Eindoordeel in de linkerhand.

Reusachtig groot maakte ik hen en als uit rotsen gehouwen, en ik deed hen uitgaan over de Aarde, elk in zijn eigen richting. En ik deed hen donderend roepen naar alle schepselen:

DE DAG DES HEREN!

**DE GROTE DAG DES HEREN IS NABIJ EN NADERT!
HET GELUID VAN DE DAG DES OORDEELS ZAL
EENIEDER DOEN GRUWEN: WIE NU EEN HELD IS, ZAL
DAN BITTER SCHREEUWEN !**

**DIE DAG ZAL EEN DAG VAN VERBOLGENHEID ZIJN:
EEN DAG VAN BENAUWDHEID EN VAN ANGSTEN,
EEN DAG VAN WOESTHEID EN VERWOESTING,
EEN DAG VAN DUISTERNIS EN VAN DONKERHEID,
EEN DAG VAN DE WOLK DIE ALLES BEDEKKEN ZAL....**

**EEN DAG VAN BAZUINGESCHAL TEGEN DE VASTE
STEDEN
EN TEGEN DE HOGE TORENS: ZIJ ZULLEN VALLEN!
EN IK ZAL DE MENSEN BANG MAKEN,
DAT ZIJ ZULLEN GAAN ALS DE BLINDEN,
WANT ZIJ HEBBEN TEGEN DE HEER GEZONDIGD.
WREKENDE ENGELEN ZULLEN RONDGAAN
EN HET BLOED VAN DE MENSEN ZAL VERGOTEN
WORDEN
ALS DROOG ZAND VAN TUSSEN VINGERS**

EN HUN VLEES ZAL ROTTEN EN STINKEN ALS DREK !

**NOCH HUN ZILVER, NOCH HUN GOUD ZAL HEN
KUNNEN REDDEN
OP DE DAG VAN DE VERBOLGENHEID DES HEREN:
WANT DOOR HET VUUR VAN ZIJN AFGUNST ZAL ALLE
LAND VERTEERD WORDEN,
WANT HIJ ZAL ONHERROEPELIJK EN MEEDOGEN-
LOOS AFREKENEN MET AL DE ZONDAREN VAN DIT
LAND !**

Toen beefde de mensheid en vele zondaren kwamen tot inkeer, maar het was te laat, want de voltrekking van het vonnis was al ingezet.

Uit de vagina van een vrouwelijk boeddhabeeld had de pater een stroperig vocht moeten drinken, schier eindeloos lang. Onderwijl hadden vrouwen en mannen steentjes en takjes op zijn naakte rug en tegen zijn blote billen geworpen. Zijn knieën waren opengeschuurd en bloederig, zijn rug rood en blauw. Zijn belagers zagen het als zijn straf voor het geil misbruiken van zijn huishoudster: voor al die keren dat zij nat was geweest voor enkel zíjn genot. Echter, het drinken van de stroop was zijn boetedoening voor het schaamteloos misbruiken van de goede naam van rabbi Sjiem´ón bar Jochái, zijn nagedachtenis zij tot zegen, voor zijn eigen gewin. Hij had zijn mystieke Torácommentaar 'Zóhar' toegeschreven aan de Rasjbie. Hij had zijn koortsige fantasieën uitgegeven als de serieuze leer van een schrijver van de Misjná en daarmee diens nagedachtenis verkracht en diens naam onteerd.

En toch was zijn ziel een grootse en had zij tijdens zijn Spaanse leven als rabbi Moses de Leon verscheidene malen toegang verkregen tot de Hemelen, waar zij had geleerd met Adám en met Avrahám en waar zij samen met rabbi Sjiem´ón bovendien van rabbi Akíeva had ontvangen. Helaas had de eerwaarde rabbijn zich niet tot het daarboven geleerde beperkt, maar had hij toegegeven aan de verleiding om de Hemelse kennis aan te lengen met het bijgeloof van zijn tijd. Zijn gehoereer met de Leer was in de Hemelen bestraft, maar op Aarde werd zijn vervuilde aftreksel van het aan hem geopenbaarde honderden jaren later nog altijd geestdriftig bestudeerd. En ik zag dat het goed was zo, want het wekte bij Joden en bij ġojíem in iedere generatie weer de liefde voor God's Leer.

Mosjé ben Sjeemtóv, jehé zichronó li-vrachá – moge zijn nagedachtenis tot zegen zijn.

De priester had ooit gedacht te begrijpen, dat alle geloven producten zijn van angst: in elke mens wakkert de oerangst voor het onbekende, het onbegrensde, het onzekere. Inmiddels wist hij, dat Joden die oerangst niet kennen: waarom zou Israël existentiële angst kennen? Haar bestaan was vooropgezet, al bekend nog voor de Schepping, en haar toekomst is gezekerd in het Verbond van de Schepper met haar stamvaderen. Als er ooit een oerangst heeft bestaan in haar voorgeslacht, dan is die aan zijn einde gekomen 4000 jaar geleden, toen Avrahám de Enige mocht ontdekken en Deze met hem het Verbond sloot.

De Eeuwige nu zeide tot Avrám: Ga uit uw land en uit uw maagschap en uit uws vaders huis naar het land, dat Ik u wijzen zal; Ik zal u tot een groot volk maken, en u zegenen, en uw naam groot maken, en gij zult tot een zegen zijn. Ik zal zegenen wie u zegenen, en wie u vervloekt zal Ik vervloeken, en met u zullen alle geslachten des aardbodems gezegend worden. Toen ging Avrám, zoals de Eeuwige tot hem gesproken had.

וַיֹּאמֶר יְהוָה אֶל־אַבְרָם, לֶךְ־לְךָ מֵאַרְצְךָ וּמִמּוֹלַדְתְּךָ וּמִבֵּית אָבִיךָ, אֶל־הָאָרֶץ, אֲשֶׁר אַרְאֶךָּ.
וְאֶעֶשְׂךָ, לְגוֹי גָּדוֹל, וַאֲבָרֶכְךָ, וַאֲגַדְּלָה שְׁמֶךָ; וֶהְיֵה, בְּרָכָה.
וַאֲבָרְכָה, מְבָרְכֶיךָ, וּמְקַלֶּלְךָ, אָאֹר; וְנִבְרְכוּ בְךָ, כֹּל מִשְׁפְּחֹת הָאֲדָמָה.
וַיֵּלֶךְ אַבְרָם, כַּאֲשֶׁר דִּבֶּר אֵלָיו יְהוָה.

De vissen regeren de voeten van de strijder

Sjelách otíe, Adonái!

Laat mij gaan, mijn Heer!
Laat mij los: doe mij dit niet langer aan!
Zendt mij van U, God van Israèl, en ik zal mij onder Uw volk niet meer vertonen....

Laat mij gaan, mijn Heer!
Sta mij toe te zitten op Uw eerste steen:
Laat mij slechts toekijken hoe U daaruit alles schept

Laat mij los, mijn Heer,
Want ik kan niet langer dragen
Het lot van de mens en van de Aarde

U schiep Uw wereld, Heer,
Als een zuigeling in zijn moeder:
Het kind begint bij de navel en groeit in alle vier de richtingen.

U zoogt Uw schepping, mijn Heer,
Als de trouwste aller moeders.
En U waakt als de meest trouwe aller vaders.

En toch:
Rachéém na allái, Adonái, ve sjlach otíe
Kie lo e'emód, Elohái, lo e'emód....
Laat mij gaan, mijn Heer,
Want ik zal niet licht verdragen
Hoe u op Aarde 's mensens kinderen doden laat

Haar einde

Opgewonden kreten in de voorhof van mijn paleis? Duivels gebrul en wapengekletter?! Mijn Marianna werd naast mij wakker en kroop geschrokken tegen mij aan: "Wat gebeurt daar, Jehoedá? Wat is dat?!" Ik richtte me op en stapte uit mijn bed. "Dat...", antwoordde ik verbeten, "...is óf een ontijdige exercitie óf een opstand!" Marianna schudde haar hoofd en stelde dat er in de Hemelen geen opstand zou voorkomen. Ik wist beter: Chanóch had de vurige diepten gezien. Ik verliet mijn kamer en liep snel door de gang. Mijn trouwe helper kwam mij moeizaam tegemoet: "Heer, een duivel viel ons aan!" Hij zakte ineen en ik trok zijn zwaard uit zijn verkrampte hand. Het lemmet was bebloed. Ik rende naar de poort van de hof.

In het duister sloeg en trapte een gruwelijk monster woest om zich heen. Engelen lagen in alle hoeken en zelfs in de opening van de poort. Het monster had drie koppen: links een schaap, rechts een stier en in het midden een man. Uit alledrie de muilen klonk een andere schreeuw en uit de middelste spoot ook nog vuur. Van alle zijden hakten engelen op hem in. Zijn rijdier was al gedood: een leeuw met drakenvleugels lag tegen een zijmuur, deerlijk opengesneden. Het monster zelf was niet gewond. Hij was te groot voor de engelen. Zijn gespierde mannenborst twee engelen hoog boven de vloer, zijn hanepoten met de vlijmscherpe nagels langer dan een engel, zijn geslacht dreigend voor hem uit. Hij vocht met die nagels, spietste er engelen mee en wierp hen weg als natte doeken. Hij spoot met zijn geslacht brandend zuur in ogen. Hij vocht ook met zijn klauwen, greep en vouwde er mijn dienaren mee alsof zij ganzeveren waren! Het zwaard in mijn hand was te klein. Ikzelf was te klein!

Ik stapte door de poort en vergrootte mij tot mijn gelaat op de hoogte van de muilen van het monster was. "DAAAAAAR!", brulden de bekken en vuur raakte mijn gezicht, "Jouw vervloekte heiligheid zocht ik! HIER! Dat ik je uitwringen en verscheuren zal!!!" Hij sprong op me toe. Mijn zwaard was met mij meegegroeid en ik sloeg hem ermee in zijn rechterhand. Een brok viel er af en zwart bloed spatte op mijn kleed. Zijn linkerhand greep mijn heup en ik hakte wild omlaag. De hand bleef nog aan mijn heup terwijl het gruwelijke wildebeest hoog gilde en zijn beide verminkte armen voor zijn maag samenbracht. Hij wankelde en ik liet mijn zwaard zakken, maar hij bracht zijn hele gewicht op zijn linkerbeen en richtte brand op mijn gezicht en schopte naar mij met zijn vlijmscherpe rechterpoot. Tenauwernood wist ik daar de voet van af te hakken. Alledrie de muilen schreeuwden en huilden in ontzetting en het duivelse gewrocht viel achterover. Ik waande hem verslagen, maar hij kwam half weer overeind en op zijn knieën draaide hij zich om en zwiepend sloeg zijn staart mij. De slag kwam genadeloos op mijn linkerzij maar ik brak niet. Zelfs wist ik de staart onder mijn arm te klemmen terwijl ik met mijn zwaard op hem inhakte. Ik werd woest heen en weer geschud en dichterbij gedwongen, maar ik gaf niet op en bij de vierde hak viel de staart in stukken. Woedend vloekend en tierend viel het monster op zijn zij en trapte naar mij met de nagel achter zijn laatste hiel en hij scheurde mijn kleed. Inmiddels bedreven in het zwaardgebruik sloeg ik weer toe en hakte zijn poot af. Hij viel op zijn rug terwijl hij in wanhopige onmacht brulde naar de hoogten. Mijn zwaard lichtte op en ik naderde hem. Hij had mijn zoon kunnen zijn, ware Elíesa mijn vrouw gebleven. Hij keek mij aan met zijn mannenkop en probeerde vuur te spuwen, maar hij was verzwakt en in ondraaglijke pijn. Hij probeerde zijn geslacht naar mij te richten om mij met zijn zuur te treffen, maar ik stond al naast zijn borst en toen hij zijn halve hand naar mij hief, hakte ik die arm af bij de schouder. Dik bloed golfde uit al zijn wonden en nog vervloekte hij mij schuimbekkend: immers was ik zijn ontrouwe verwekker! Alle drie zijn muilen raasden vuilbekkend. Ik doorkliefde de schapekop en sloeg daarna in op de stierenek. Het mannenhoofd van mijn zoon ontzag ik nog en daarmee vervloekte hij mij nog een keer, waarbij hij de heilige Naam van de Eeuwige misbruikte. Zo was het genoeg en ik hief mijn zwaard voor de laatste maal. Ik werd achterover gerukt en neergesmeten en tussen mij en Ásjmedai sprong de jonge Lilíet. Zij maakte een bezwerend gebaar naar mij met haar linkerhand en bukte zich en greep onze zoon bij zijn balzak en met haar tanden scheurde ze die af. Asjmedai gilde en tierde en vervloekte alle engelen, mij en zijn moeder en de Allerhoogste. Ik wilde nogmaals hakken, het offer van Jitschák volbrengen, maar het was de Enige zelf die tot mij sprak en mijn hand met het zwaard vastgreep, zeggende: "Arjé-eel – Leeuw van God, mijn getrouwe, dit offer is niet nodig."

"Hij is een monster, Heer! Hij mag niet bestaan! Het Kwaad moet uitgebannen!"

"Het kwaad IS uitgebannen, Leeuw van God. Je zoon ligt al aan je voeten. Vergun hem nu te sterven in je armen, zoals IK hem dat vergun. Want IK heb hem geschapen zoals IK wil dat hij zal zijn."

Ásjmedai was hulpeloos. Zijn woede en zijn agressie waren weg en hij was kleiner toen: hij leek toen wel de zoon van mijn verloren Elíesa die hij had kunnen zijn. Hij bloedde en kreunde. Ik knielde om het bloeden te stelpen met repen van mijn kleed. Lilíet hield zijn teelballen in haar linkerklauw: wat moest zij daar nog mee? Met haar rechterklauw opende zij zich tussen haar dijen: zij wilde zich er mee bevruchten? Om een nog groter gruwel te baren?! Het zwaard waarmee ik mijn zoon zo vreselijk had verminkt, lag naast me: ik hoefde het slechts op te nemen om met één slag dat verraderlijke wijf weg te houwen. Liliet had zich geopend en toonde zich glimmend aan mij. Tussen haar linkerduim en –wijsvinger hield ze de eerste bal. Het mocht niet gebeuren, begreep ook Ásjmedai, want kreunend en zuchtend bracht hij uit:

"Sla haar, vader! Nu dan!" Ik greep het zwaard en terwijl ik me oprichtte, deed ik het vlijmscherpe blad op de moeder toe flitsen. Haar behaarde klauwen stopten moeiteloos mijn slag en wrongen het zwaard uit mijn handen. Liliet verhief zich en scheen te zwellen. Hoog hief zij het zwaard boven mijn hoofd, als ging zij mij van boven af doormidden splijten, maar een donder raasde toe en een lichtstraal schoot verblindend in haar ogen. Vuur verteerde haar gore lijf van binnenuit. Het zakte ineen tot een asheuvel. Zo doet de Eeuwige met wie opstaat tegen de Leeuw van God!

Buiten adem zocht ik bij mijn voeten naar de ballen van Ásjmedai en nog net zag ik mijn zoon iets oplikken en doorslikken. Een windvlaag wierp de as van de vrouw de moeder op en deed het dwarrelen naar alle windstreken. Ik zette mij op de grond en ik trok het hoofd van mijn zoon in mijn schoot. Mijn zoon keek op in mijn ogen en stierf. Daarop ving ik aan te wenen.

Inferieure geesten vervoegden zich gedwee bij mij aan de rand van het graf. Zij waren de aanvoerders van de zeventig legioenen van Ásjmedai. Zij dichtten het graf en zwoeren mij eeuwige trouw, maar ik deed hen over aan Ozeer, opdat hij met hen zou handelen naar het recht van de Hemelen.

Marianna keek van verre toe, en toen het alles was gedaan, wendde zij zich af en ging heen. En ik liep haar niet na, want ik had haar niets te zeggen.

Met het recht van de oudste begon Toevíe met openbaren door de Eeuwige te prijzen, en hij zei:

"U bent groots, Adonái, en voor eeuwig en uw koninkrijk is voor eeuwig.

Want u heeft geschroeid en gebrand én gered: u leidt omlaag naar de hel en brengt weer naar boven, en er is niemand die aan uw hand kan ontsnappen.

Geef eer aan de Eeuwige, jullie Kinderen Israèl's, en prijs Hem voor de ogen van de heidenen,

Want Hij heeft jullie verspreid onder de heidenen, die Hem niet kennen, opdat jullie zullen getuigen van Zijn wonderbaarlijke werken, opdat zij zullen leren dat er geen andere God zo machtig en Almachtig is als Hij.

Hij heeft ons gekastijd vanwege onze tekortkomingen en Hij zal ons redden en verlossen omwille van Zijn genade.

Zie wat Hij voor ons heeft gedaan en vrees Hem en beef voor Hem en toon hem eerbied en verheerlijk de eeuwige Koning in al wat je doet.

Voor wat mij betreft... ik zal Hem prijzen en zegenen in dit land van mijn verbanning, omdat Hij Zijn majesteit heeft betoond aan een zondig volk.

Kom tot inkeer, zondaren, en doe wat recht is God, in het geloof dat Hij Zijn genade over jullie zal uitstorten.

Mijn ziel en ik, wij zullen ons in Hem verblijden.

Zegen de Heer, alle uitverkorenen, hou dagen van vreugde en verheerlijk Hem.

O Jeroesjalájiem, stad van goud en stad van God, de Eeuwige heeft je duizendmaal bezocht vanwege je daden.

Prijs de Heer voor je zegeningen en zegen de Altijdaanwezige, opdat Hij Zijn Heiligdom in jou moge herbouwen, opdat Hij alle bannelingen naar jou zal terugroepen, en opdat je voor altijd vreugde zult kennen.

O Jeroesjalájiem, een heerlijk licht zal uit je voortschijnen, en alle uithoeken van de wereld zullen je liefhebben.

Verre volkeren zullen je met giften bezoeken, en in jou midden zullen zij de Heer aanbidden, en zij zullen je land als heilig beschouwen,

Want zij zullen de grote Naam, die jij omvat, aanroepen.

Die jou verachten zullen vervloekt worden, die jou ontheiligen zullen veroordeeld worden, maar die jou wederopbouwen zullen gezegend worden.

En jij, Jeroesjalájiem, zult je verheugen in je kinderen, want zij zullen alle gezegend zijn en zij zullen samenkomen onder de Heer.

Gezegend zijn allen die jou liefhebben en ijveren voor jouw vrede.

Mijn ziel, zegen de Eeuwige, want de Heer je God heeft zijn stad Jeroesjalájiem verlost van al dat haar belaagde.

Gelukkig zal ik zijn, want van mijn zaad zal er een zijn, die de glorie van Jeroesjalájiem zal aanschouwen.

De poorten van de stad zullen bekleed worden met saffier en emerald en de muren met andere juwelen.

Alle straten van de stad zullen bestraat worden met witte schone stenen en tussen de huizen zal telkens weer het Halleloe'Jáh weerklinken: Loof de Heer!

Gezegend is de Eeuwige, die Jeroesjalájiem heeft verheven, en moge Hij er regeren van nu tot in de eeuwigheid, améén!

Ásjmedai, mijn zoon

Mijn zoon, ik heb je werkelijk niet verraden
Ik zou je waarachtig niet verraden kúnnen!
Mijn vlees, dat klopt, dat ben je niet,
En mijn bloed ben je al evenmin
Maar mijn liefde ben je
Voor je moeder
Eliesalief...
Eliesalie
Elie!
Mijn God!
Jij duivelsjong
Beteugeld moet je,
Gekortwiekt en gekooid!
Tegen de angst en het verderf
Zal dat vast niet meer helpen want
Je gruwel staat gegrift in elke mensenziel
en toch, mijn zoon, heb IK jou niet verraden!

Daarmee waren de woorden van Toevíe besloten. Nadat hij zijn zicht had teruggekregen, leefde Toevíe nog tweeënveertig jaren en hij kende de kinderen van zijn kleinkinderen.

Nadat hij honderdentwee jaren had geleefd, werd hij eervol begraven in Nineve.

Want hij was zesenvijftig jaar oud toen hij het zicht verloor en zestig toen hij het terugkreeg.

Zijn verdere leven was vreugdevol en zijn vrees voor God nam toe tot hij in vrede heenging.

Bij het uur van zijn dood, had hij zijn zoon bij zich geroepen met diens zeven zonen en al zijn kleinzonen, en hij had tot hen gezegd:

De vernietiging van Nineve is dichtbij, want de aankondiging van de Eeuwige moet vervuld, en al onze broeders die verbannen en verspreid zijn buiten het Land Israel, zullen huiswaarts keren.

Het Land is verdord en als een woestijn maar onze mensen zullen het vullen en bewonen en bevloeien en bebouwen. De Woning van de Eeuwige, die vernield en verbrand werd, zal herbouwd worden en allen die God vrezen zullen terugkeren naar Jeroesjalájiem.

De heidenen zullen zich afwenden van hun afgoden en zich aansluiten bij de Kinderen Israël's, en zij zullen wonen in Jeroesjalájiem.

Alle vorsten der Aarde zullen vreugde scheppen in het herbouwde Jeroesjalájiem en alle zullen zich onderwerpen aan de almachtige Koning van Israël.

Luister naar jullie vader, mijn kinderen: dien de Eeuwige in oprechtheid en doe alles wat Hij graag gedaan ziet.

Draag jullie kinderen op dat zij rechtvaardig zullen zijn en aalmoezen zullen geven, dat zij zich de Heer altijd voor ogen zullen houden, en dat zij Hem altijd weer oprecht zullen prijzen en met al hun kracht en macht.

Hoor mij aan, kinderen, en blijf hier niet. Zodra jullie ook jullie moeder naast mij zullen hebbben begraven, bereid jullie dan meteen voor op vertrek van hier, want de tekortkomingen van deze plaats roepen spoedige vernietiging af.

En zijn kinderen begroeven Toevíe bij het licht van de dag en alle Kinderen Israël's die in Nineve woonden prezen en zegenden de Eeuwige.

Toen kort daarna ook Chánna werd begraven, nam Toevíe-Jah zijn vrouw en zijn kinderen en zijn kindskinderen en alles wat van hem en van hen was, en begaf zich naar het huis van zijn schoonouders.

Zij waren zeer oud maar in goede gezondheid en jarenlang verzorgde hij hen en toen hij hun ogen sloot, kwam de hele nalatenschap van Ragoe'él hem toe. En Toevíe-Jah kende zijn kinderen tot in de vijfde generatie.

Toen hij negenennegentig jaren had geleefd in de vrees voor God, begroeven zij hem met een loflied op de Eeuwige.

Zijn nageslacht vond gunst in de ogen van het hele volk en in de ogen van de Eeuwige, de Rechtvaardige, en uit het huis van Toevíe-Jah en uit de schoot van Saráh zal geboren worden de Masjíeach, de Koning van de Almachtige, en Die zal De Zetel innemen temidden van het volk van priesters, in de glorierijke stad Jeroesjalájiem, op de heilige berg Moriàh.

Daar waar Aarde en Hemelen raken, zal De Woning een Huis van Gebed zijn voor alle volkeren.

In het paleis van de koning uit het Huis van Toevíe-Jah, het Koningshuis van Toevíe, zullen de volkeren der wereld samenkomen in vrede. Daar zullen zij verenigd zijn in hun geluk en en voor altijd in vrede de lof van de Eeuwige zingen.

Appendix

Tabel 1: structuur van de Hemelse Heerschaar

	inlichtingen	strategie	strijdmacht	zorg
	AARDE	**LUCHT**	**VUUR**	**WATER**
leider	Steenbok	Weegschaal	Ram	Kreeft
uitvoerder	Stier	Waterman	Leeuw	Schorpioen
volgeling	Maagd	Tweeling	Boogschutter	Vissen

Tabel 2: sterrenbeelden

Waterman	20-01/18-02	Origineel denker	Saturnus
Vissen	19-02/20-03	Zoekend onderdanig	Jupiter
Ram	21-03/19-04	Uitdagend impulsief	Mars
Stier	20-04/20-05	Behoudend pragmatisch	Venus
Tweeling	21-05/20-06	Communicatief speels	Mercurius
Kreeft	21-06/22-07	Zorgzaam gevoelig	Maan
Leeuw	23-07/22-08	Dominant trots	Zon

Maagd	23-08/21-09	Voorzichtig nauwkeurig	Mercurius
Weegschaal	22-09/23-10	Onderhandelaar ethicus	Venus
Schorpioen	24-10/21-11	Verborgen bevlogens	Mars
Boogschutter	22-11/21-12	Ongeduldig onafhankelijk	Jupiter
Steenbok	22-12/19-01	Ambitieus besluitvaardig	Saturnus

Tabel 3: verklarende woordenlijst

Ábba	vader (Aramees)
Abóe	Vader (Arabisch)
Barchóe et adonái…	Zegen de Heer….
Bat	dochter
Bat Kol	Hemelse stem
Ben	zoon
Chavá	Eva, de tweede vrouw van de eerste mens
Chermón	De berg Hermon, in het noorden van de Golan-hoogvlakte, ooit het gebied van de stammen Naftalíe en Menasjé
Cheroebíem	met vlammend zwaard bewapende Hemelwachters
Chochmá	wijsheid (denk aan 'goochem')
Choepá	baldakijn waaronder het bruidspaar staat tijdens de huwelijkssluiting
Chor	gat
Cistérne	in een heuvel uitgehakte grot met lage bodem, waarin tijdens het regenseizoen water geleid wordt
Dávenen	bidden
Heerschaar	leger. Er zijn meerdere scharen (legerafdeling) onder een heer.
Hielá	lichtglans, aura
Ijóv	Job. Titel van bijbelboek
Jah	God
Jeroesjalájiem	Jeruzalem, het middelpunt van de wereld
JHVH	De vierletterige Naam van God, waarvan de uitspraak niet langer bekend is. Betekenis: ik was, ben en zal zijn. Gewoonlijk vertaald als 'Eeuwige'
Jidden	Joden (Hebreeuws: jehoedíem)

Jiddiesj	joods, ook: de Europese joodse taal, samengesteld uit Middel-Duits, Hebreeuws en Slavische woorden
Kabbalá	van oorsprong mystieke leer uit het Oosten, in de Middeleeuwen in Europa aangelengd met plaatselijk bijgeloof en sprookjes over tovenaarskunsten
Kodesjbórchoe	Ha-kadósj baróech hoe – De Heilige gezegend is Hij
Láila	nacht
Lernen	Het bestuderen van Torá en Talmóed en bijbehorende literatuur
Mítswe / mitswá	Gebod. Overdrachtelijk: elke goede daad die een mens verricht
Néffesj	het bezielde leven
Róe'ach	geest
Séfer Nesjamót	Boek der zielen
Sélla!	(zo zeker als een) rots
Siedrá Va-jesjéév	weekafdeling van de Torá, Breesjiet / Genesis
Sefierót	Maten, die tien fasen waarin God zich openbaarde tijdens de schepping, ook gezien als Zijn tien attributen.
Sjábbes / sjabát	de zevende dag van de week, de rustdag ingaande vrijdagavond voor zonsondergang en uitgaande zaterdagavond na zonsondergang. Meervoud: sjabbatót
Sjammái	'koster' van een synagoge
Sjammásj	conciërge van een synagoge
Sjoel	synagoge
Sjókelen	het ritmisch voorover buigen tijdens gebed en studie
Sjtetl	joods dorpje in Oost Europa

Talent	geldwaarde gemeten in een bepaald gewicht in zilver of goud
Talmóed	Studiewerk, verzameling van discussieverslagen inzake de joodse overlevering en de joodse wet
Tanách	Torá, Profeten en Geschriften (ruwweg 'het oude testament')
Torá	De vijf boeken van Mozes, de eerste vijf boeken in de bijbel
Tsaddíek	rechtvaardige. Volgens de joodse overlevering leven er in elke generatie 36 tsaddiekíem
Tsíejon / Tsie'ón	Zion oftewel Jeruzalem

Tabel 4: bibliografie

1   De Tenách (Torá, Profeten en Geschriften), diverse uitgaven in Hebreeuws, Engels en Nederlands

2   The book of Tobit, King James vertaling, Engels

3   Babylonische Talmóed, Uitgeverij Pnieníem, Jeruzalem, 1970, Aramees/Hebreeuws

4   Zóhar, Uitgeverij Hameïr LeIsraël, 2002, Aramees

5   Zóhar, Soncino Press,1996, Engelse vertaling

6   Zóhar, Pritzker Edition, Stanford University, 2004, Engelse vertaling & verklaring, volume 1-4

7   Het boek der vromen (12e eeuw), Arbeiderspers 1954

8   Likoeté Amaríem (Tánja), deel 5 – Kuntress acharón, Sjne'óer Zálman (1745-1812), Kehot, 1973, Hebreeuws

9   Ich und Du, Martin Buber (1878-1965), Insel Verlag Leipzig,1923, Duits

10   Likutei Moharan, verzamelde geschriften van rabbi Nachman (1772-1810), postuum, Hebreeuws en Engels

11   Likutei Eitsot, verzamelde raadgevingen van rabbi Nachman, postuum, Hebreeuws en Engels